挑战

压力如何塑造我们

［英］伊恩·罗伯森（Ian Robertson）著

龚思齐 译

THE STRESS TEST

How pressure can make
you stronger and sharper

湖南文艺出版社
HUNAN LITERATURE AND ART PUBLISHING HOUSE

博集天卷
CS-BOOKY

图书在版编目（CIP）数据

　　挑战：压力如何塑造我们 / （英）伊恩·罗伯森
（Ian Robertson）著；龚思齐译 . —长沙：湖南文艺
出版社，2018.6
　　书名原文：The stress test: How pressure can
make you stronger and sharper
　　ISBN 978-7-5404-8366-1

　　Ⅰ.①挑… Ⅱ.①伊… ②龚… Ⅲ.①心理压力–心
理调节–通俗读物 Ⅳ.①B842.6-49

　　中国版本图书馆 CIP 数据核字（2017）第 263172 号

著作权合同登记号：图字 18-2017-093
THE STRESS TEST: HOW PRESSURE CAN MAKE YOU STRONGER AND SHARPER
by Ian Robertson
Copyright © Ian Robertson, 2016
This edition arranged with Felicity Bryan Associates Ltd.
through Andrew Nurnberg Associates International Limited

上架建议：励志·心理学

TIAOZHAN：YALI RUHE SUZAO WOMEN

挑战：压力如何塑造我们

作　　者：[英]伊恩·罗伯森
译　　者：龚思齐
出 版 人：曾赛丰
责任编辑：薛　健　刘诗哲
监　　制：毛闽峰　李　娜
特约策划：董　鑫　张明慧
特约编辑：王　静
版权支持：辛　艳
营销编辑：杨　帆　刘　珣
封面设计：末末美书
内文版式：李　洁
出版发行：湖南文艺出版社
　　　　　（长沙市雨花区东二环一段 508 号　邮编：410014）
网　　址：www.hnwy.net
印　　刷：北京柏力行彩印有限公司
经　　销：新华书店
开　　本：787mm×1092mm　1/16
字　　数：221 千字
印　　张：13.5
版　　次：2018 年 6 月第 1 版
印　　次：2018 年 6 月第 1 次印刷
书　　号：ISBN 978-7-5404-8366-1
定　　价：38.00 元

若有质量问题，请致电质量监督电话：010-59096394
团购电话：010-59320018

致我亲爱的朋友——杰夫和温迪，

是你们证明了尼采说的话是正确的。

目 录

Contents

致 谢

　　如果没有我那位在布鲁姆斯伯里的前任编辑——英帝国官佐勋衔获得者比尔·斯文森先生的诸多智慧忠告与慷慨建议，这本书便不会有问世的可能。衷心感谢他为这本书所付出的心血，感谢他对自己所联系的全部作者及其各自所著书籍的热切关注和深入参与。尼克·汉弗莱，我现在在布鲁姆斯伯里的这位编辑，用他身上特有的热情、高效、反应能力和创造力，深深地影响了我。我与他的合作可谓非常愉快。

　　费利西地布莱恩合作公司的莎莉·霍洛威是一位了不起的代理商，她是如此慷慨，也为我付出了相当多的时间与精力。如果没有她的支持和鼓励，简直难以想象我会坚持把这本书写出来。

　　非常荣幸能与我的同事们，特别是都柏林和剑桥的同事们一起奋斗：与你们一道奋斗数年，这是一种难得的缘分，在这里我也要真诚感谢你们所有人。

　　感谢尼尔·罗伯森为本书所做的卓越编辑工作，同时也要感谢迪尔德丽·罗伯森和费安娜·奥多尔蒂为本书所提供的种种帮助。我的好兄弟吉姆并未为本书做过具体的事，但毫无疑问他仍是我的一位好兄长。

　　我拥有着世界上最棒的家人——我亲爱的妻子费安娜和一群棒极了的孩子，迪尔德丽、鲁拉丽和尼尔。没有你们，我将一事无成。

挑战

压力如何塑造我们

序 言

　　我一边等着电脑开机，一边不耐烦地用手指敲击着桌面。通常开机只需要几秒，而今天，它起码用了几分钟时间才让我看到那熟悉的桌面图像。点击了电子邮件的小标记之后，我等了又等。最后终于能打开邮件了，但每一步操作都异常地卡，速度很慢。打字也是，电脑反应特别慢，简直无法继续。就连最简单的字都无法输入。电脑这么卡，看来它是在闹罢工了。

　　我们的电脑维修员诊断说可能是软件出现了故障，她建议我重新安装一下操作系统，而事实上她也帮我重装了。但很不幸——电脑的运行仍然十分缓慢。

　　"对这台电脑目前的内存来说，最新的操作系统可能实在是太大了，"丽萨说，"我们需要升级内存。"

　　到了第二天，当新的软件和更大内存到位后，我的电脑终于起死回生，而我也回归了正常的数字化生活。

　　我们总是习惯于通过一台电脑的软件、硬件以及两者间的协作关系来判断其性能。重新编程的电脑软件能帮助提高硬件的性能，对此我们也都不难理解。然而，面对人类的思想与大脑间的互动关系，对有些人来说（其中还包括一些专业人士），他们始终认为人脑的运行机制与电脑绝非一码事。

在正式进入大脑研究领域之前，在长达十年的时间里，我一直是一名执业临床心理学家，这样一份不同寻常的综合性职业经验让我对类似软件的人类思想和作为硬件的人类大脑彼此间如何团结协作——或不协作——有了一些极为重要的发现。

在我正式走上这条研究道路之后，直到现在我才发现，思想与大脑是在以一些我从未想到的方式相互发生作用的。

工作初期，在很长一段时间里，作为一名临床心理学家，我觉得自己仅仅是在帮助他人解决各式各样的情绪问题，当时从未想过要将这份工作与关注大脑康复的神经学科（后来它也成就了我的第二份工作）关联起来。这也正常，因为无论在医学还是科学领域，这两者都是彼此独立、毫无关联的。即便是现在，从事大脑研究的学者与从事人类思想研究的人员也鲜有交流，反之亦然。然而我渐渐有了一些自己的发现：正如电脑维修人员在帮助我修复那台电脑时所做的一样，环境条件能对人类思想和大脑同时产生影响，心理学和神经科学之间也存在着某种协作机制。

所以，后来我觉得是时候将自己的两份工作合二为一了。在这本书中，我会将自己作为临床心理学家时所看到的一些病例与自己近三十年的神经学研究结合起来进行分析。同时，作为一名临床心理学家，我也会把自己的双眼聚焦于神经学说研究，以期了解人类怎样学会应对情绪问题、直面无处不在的压力。

能够跨越临床心理学实践与认知神经科学理论研究的边界，开创一种全新的认识，即我们人类如何"调整"自己的大脑，协调运用"硬件"与"软件"以提高我们的"性能"，帮助我们积极应对人生逆境和各类机遇挑战，这着实是我的幸运，也是这本书的主旨所在。

每周一的早晨，我都会把麻醉后的病人推往治疗室。精神病医生会用电极电击他们的头部，电流会造成他们的身体不自觉地抖动，但过后他们仍然只是那样躺着不动。剩下的就又是我的工作了，我要将他们推回病房，而一到两小时后，他们则会带着一脸的茫然和困惑睁开双眼苏醒过来。

那还是在 1975 年，我当时还只是新西兰一家综合性医院新设立的精神科病房里的一名普通助理护士。每周一的早晨我都需要协助病房里的大部分病人接受"治疗"，不管医生给每个人的诊断是怎样的，他们都需要使用这一诊疗方法——电休克疗法（ECT）。

在被送进精神科之前，这些病人通常都已经被一些症状折磨了几周，有些病人甚至已被折磨了好几个月。他们当中有一小部分人身上有典型的精神异常状态，如幻觉、妄想、狂躁或者抑郁，还有些人是酒精依赖，而大多数人则是抑郁、焦虑或者人格障碍一类的问题。我之所以知道这些，是因为作为一名心理学专业的学生，我有权阅读他们写下的一些日记。

在 ECT 疗法之后，对其中一名重度抑郁症患者，我偶尔也有幸目睹过发生在他身上的一些奇迹般的好转迹象。能够看到有些人清醒过来，暂时从黑暗又绝望的困境中逃离，这绝对是令人欣慰的。但对大多数患者来说，奇迹并不会发生在他们身上，有些精神病患者的病情通常还会恶化。

我记得有位病房主管医生有一天曾耐心地跟我讲解过，需要专业医学方法去处理的精神疾病治疗，与任意一个能理性思考的人就能完成的现实生活问题咨询，这两者之间是存在明显区别的。

"这里的每一个病人，"他信心十足地告诉我，"都是有病的，我们的治疗方法就是 ECT 疗法加药物——他们不需要额外进行什么心理咨询。"

因此，在那个我工作了将近一年的科室病房里，每个人都在根据自身病症服用各类药物，他们当中大多数人也都需要在每周一的早晨被推去接受 ECT 疗法。这一切就是他们需要去例行的公事。

但是，当时科里还有一位名义上也是病房主管的心理医生，这一位却很少安排自己的病人过来住院。就算是安排进来了，那肯定也是因为病人确实病得非常厉害，或者是已经有了自杀倾向。这位医生更多的时间都是在日间门诊里度过，那里主要负责将受过专门训练的护士和心理学家组成治疗小组，共同对各种类型的心理疾病进行治疗。

我在那个门诊部里也工作了几周，在我看来，这个日间门诊所接诊的一些病人，与被前面那个医生安排去精神科病房里住院的病人并无太多不同。

面对这两种截然不同的治疗方法，我困惑不已。我在精神科病房里的导师们都十分确信那种医学干预方法就是治疗病人精神问题的答案。然而，作为一名受到二十世纪六十年代个人与人类潜能大开发思潮影响的心理学研究生，我开始倾向于第三种治疗方法——通过表达他们心中的问题与困惑，在巨大压力之下的人们是可以释放自我、解决问题，并从压力下解脱出来的。

但是，如果我足够诚实的话，我还是想说，对接受了上述两种不同诊疗方法的病人来说，其诊疗结果并无明显不同。所以这一切仍然让我有些许迷茫。

* * *

1974 年，去往斐济群岛任教的前一年，在一个名叫劳托卡的冷清小镇上的公共图书馆里的一排简陋至极的书架上，我首次接触到十九世纪著名哲学家、心理学家弗里德里希·尼采的著作。在那里，我心无旁骛地坐下来静心阅读了他那本《偶像的黄昏》，在那本书中，他甚至花了一周时间来写一篇简介，简要介绍了一下自己的其他著作。在格拉斯哥大学，我曾为了拿到心理学学位而同时进修过哲学，不过那时尼采的学说并非我课程的一部分。

在那个时代，尼采没能像西格蒙德·弗洛伊德那样成为一个令人尊敬的哲学家和一个影响力甚广的心理学家，这着实是个巨大的遗憾。事实上，弗洛伊德提出的很多论点，尼采在几十年前就已经言及，比如无意识这一概念，以及人类喜欢将自己的不良情绪完全抑制或是传播到周围其他人身上，等等。

在这本书的开头部分，尼采便列出了四十二条独立的格言。其中一条就是：所有杀不死我的，都会让我变得更强大。他清楚地指出，这句话绝对不是他新创造出来的，而是援引自罗马诗人奥鲁斯·弗利斯·安提亚斯的那句名诗：伤口能滋养心灵，强健身体。但是对尼采而言，逆境能让人变得更强这一信念，实则是他对个人自由之追求的自然流露。在他心中，个人自由甚至是凌驾于弗洛伊德后来所描述过的基本驱动力的一种存在。从这种意义上纵览尼采的著述便不难看出，他倾向于将个体视为能够驾驭自身能力的主要因素，而非总要受制于其他外部力量的代理人。

上述说法就是当我置身于精神病院的病人当中时，尼采的著作在我脑海中所呈现出来的印象。在我看来，电休克疗法——精神科医生们总爱把它所治愈的病症看成患者的硬件出了故障。而实际上，他们远没有站在尼采的立场上看清其本质——至少在尼采的眼中，他始终坚定地认为大多数病人都绝非精神压力的代理人，而是精神压力的主体、本源所在。

另一方面，对管理心理治疗病房的精神科医生来说，他们则普遍认为自己病房里的病人就像是来自同一家企业的代理人一样，他们都想从精神压力中解脱出来。这种认识对我来说是很有意义的，但是对两种病人——"硬件主体"和"软件代理人"——的疗效，差异却不甚明显。当然，可以肯定的是，两种病人在接受治疗后，都不可能会慢慢变得更加坚强。这就让我很疑惑了。如果人们都只是他们内心恐惧的代理人而已，那岂不是意味着，心理治疗就可以帮助他们正确处理生活的压力，然后最终还可以帮助他们变得更为坚强？但在任何一个精神科病房，我都看不到太多的实例能对此结论进行佐证。

所以我离开了南太平洋并跨越大半个地球回到欧洲，我感觉上述两种观点是全然分裂且无法调和的。是的，我本能地认可尼采的"人类能够控制自己大脑思想"的观点。但当我面对我曾经参与治疗过的那些持宿命论观点的精神病人的时候，我又会陷入自己最初的狐疑当中，觉得很可能之前那个医生是对的，这些病人之所以会出现思想与情感方面的问题，就是因为大脑里的某个硬件出了问题。

1976 年 10 月，当我开始作为一名临床心理学家在伦敦莫兹里医院（精神病学研究所）见习的时候，我才发现，原来在伦敦的医院里，电休克疗法并未像其在新西兰那样被广泛应用。同时，我还知道了就在我离开后不久，一种新的治疗方案开始在新西兰的医院里普及开来，而且它比我之前目睹过的治疗方法要温和不少。

在莫兹里，我的大多数同学都是有着相当的医学背景并同时要被培养成为精神科医生的人才，只有一小撮人是像我这样具备心理学背景的，我们都在研究所的精神科进行实习。这家研究所致力于治疗大脑中的"硬件"功能障碍，主要就是通过查找发生了故障的"电路"并运用现代科学来将其紊乱的化学序列进行修复——事实上，这便是当今精神病学研究的动力所在。而无论是在这家高大上的伦敦研究院还是在新西兰的医院，它们对病人都有着相同的基本假设，那就是我们这些病患的精神问题都是由大脑功能出现紊乱造成的，而最终这些充满智慧的白衣天使则会倾尽全力，在精神病学研究所的试管中确定其生理学缺陷到底出现在何处，并找出相应的治疗方法。

这一套方法与我所接受过的专业心理学学习是背道而驰的，我学到的只是如何处理"软件"故障，全然不用考虑"硬件"设施完好与否。更主要的是，我和我的同学们都学习了一种被命名为"行为疗法"的理论，它主要就是教育人们在面临对自己越来越不利的周遭环境时，应该如何来克服自己的恐惧心理。我们可以利用此方法来治疗与强迫症类似的相关疾病。

作为一名容易被多种理论左右思想的学生，想要不受到精神病学研究所的治疗观影响是非常困难的，尤其是当我发现自己周围竟有着那么多医术精湛、个人魅力超群的良师益友的时候。而且当时还有两个强有力的科学因素在支撑着这个研究所的研究方向。

首先是婴幼儿遗传学。经过几十年来的发展，遗传学已经有了显著的科学生产力。但在二十世纪七十年代，主导这门学科的一直是双胞胎研究，在自然与教育条件均衡的情况下，通过把有着相同基因的同卵和异卵双胞胎进行比较，评估各种疾病的发生频率。以抑郁症为例，其发生在同卵双胞胎间的概率就会高于异卵双胞胎，这就证明了抑郁基因有着很强的遗传性。

见习精神科医生都会被教育说，当你在面诊病人的时候，一定要详细询问其是否有家族精神病史，而一旦查出该病人确有家族病史，那么它通常就会被视为引起病人现有身体疾病症状的遗传性诱发因素。

　　还有一个让我认可这一精神问题治疗观点的重大因素，那就是一项基本的理念——不，它应该是确定的，即成年人的大脑是"硬连接线路"。举个例子来说就是，它不像一条断掉的腿，一旦大脑被损坏了的话，它是无法自愈的。

　　在医学和当时的神经科学以及很多心理学论述中，下面这点几乎算是个普遍共识了：人生经验只会在非常年轻的大脑上留下"鸿爪"，而成年人的大脑回路则好比是我们家中电路供应上焊接成型的固定回路一样，无法更改。换句话说，房子可以重新布线，人类大脑却不可以。所以呢，从精神病学的角度来看，我们都已经被动地成了遗传基因的显示者，我们的生活模式都会受到固定的神经电路影响。

　　在见习和之后的工作中，上述仍未明确树立于世的假定理论学说，早已经润物细无声般深深扎根于我内心。简单地说，由于大脑是"硬连接"的，只有物理或者化学处理可以改变布线。因此，无论是药物还是电休克疗法，都会越来越不受重视、越来越少被用到。

　　戏剧性的是，当电休克疗法的运用越来越少时，心理障碍药物的处方却开始剧增——时至今日亦是如此。以英国这样一个有着集中医疗保健系统的国家为例，在 2013 年，该国已经约有五千三百万人被收录在该系统。而当年的抗抑郁药处方数量则是……五千三百万。

　　即使可以确定数据里面有很多处方是重复的，但这仍然是个高得令人咋舌的治疗率，而且上述统计中还没有涵盖抗焦虑药物等其他类型的精神药物，至于那一块，毫无疑问，也不会是个小数字。这当中到底发生了什么？是不是因为抑郁症在早期被诊断出来后，精神病学终于知道要奋起直追，终于开始乐于并勇于扛起治愈这一疾病的重任了？还是人们都不愿直面自身心理压力，拒绝自我调节疗法，而是更加倾向于被动地接受医生的药物治疗了？更或许是现代人的压力更为巨大，以致人类更容易屈服于它呢？这些疑团都太大了，即使是在科学昌明的现代，仍然无人能对此状况给出一个明确的答案。

在某些方面，现代社会远比一百年之前的生存压力要大得多——我们需要面对纷繁复杂的政治经济形势、四分五裂的家庭结构、工作的压力以及各种层面上的残酷竞争。但在另一些方面，我们的生存压力也在相对变小——比如贫民收容所、饥饿、过高的婴儿出生率和产妇死亡率、肺结核、白喉及其他疾病等等，都已离我们远去。

那么为何现代人的情绪问题却越来越多了呢？在我二十六岁时，当我在莫兹里医院与病人们有了大量广泛的接触之后，这个问题便渐渐开始在我脑中盘旋。他们当中很多人处境极端，这也是他们会进入这个医院的原因。而另一些病人却对我所认为的没有什么特别压力的生活做出极其严重的反应，且深陷于痛苦之中，对此我很难理解。从这一点我也清楚地看到，不管具体源自哪种压力，即使接受了治疗，他们也不会因此变得更坚强。在精神科病房工作了两年后，对尼采所提出的我们人类本身才是大脑"软件"的主宰者这一理念，我的疑惑也已越积越多。

1982 年，我以见习临床心理学家和大学教师的双重身份开始在爱丁堡工作。带着我在莫兹里医院的所学，我也拿出了一副一本正经的生物学家的姿态，开始一板一眼地向学生们传道授业解惑了，我所教授的学习内容无外乎"你的大脑不是一块肌肉；它一旦死亡，其中的神经元便不可能再生；你无法修复已经被损伤的大脑"等等。

我那些身为精神科医生的同事则完全不认为他们的病人是大脑发生了损伤，他们用生物化学方法判断病人是大脑线路出现了歪斜和紊乱，这就意味着病人的大脑电路没法正常工作。这种情况是有治愈可能的，但是，理所当然地，只能是通过药物或电休克疗法才行。这一精神障碍治疗方法完全符合教条，即成年人的大脑无法被人生经验重新塑造。

对这些已经被皈依者们普遍接受的思想观念，我只能持冷眼旁观的态度——对所有持有二十世纪六十年代乐观主义思想的人来说，基于他们有着自我实现和自我提升的个人成长和发展意愿，他们应该学会正视人类大脑具备着特定的生理和遗传性质这一严酷现实。

1984年，我开始在爱丁堡的阿斯特利 - 安斯利康复医院担任神经心理学医生一职，并继续着自己以"你的大脑不是一块肌肉……"等为主要内容的医学演讲。

直到某一天，我的世界颠覆了。

与我曾经传授过的教学内容相反，一篇发表于1984年年初的论文显示，成年人的大脑并不是"硬连接"的，恰恰相反，它能被人生经验改变。几乎是一夜之间，我一直以来所坚信的假设被推翻了，这也直接导致了我职业生涯的方向性转变，最终，我由一名实践临床心理学学者变成了一名神经科学研究学者。

那篇论文所进行的研究，是基于对所有哺乳动物的大脑所进行的分析，这其中就包括人类的大脑。哺乳动物的大脑皮层上有一个所谓的"感应地图"，我们身体不同部位上的感觉都能在对应的"地图"部位被大脑细胞反映出来。

以我们人类大脑为例，每个手指都在大脑中有个独立的"地图"与之对应。当某个手指被触动了的时候，这种触动感就会被位于与那个手指相对应的"地图"上的神经细胞解读给大脑。而如果失去了那个手指的话，那么位于与这个手指相对应位置的大脑细胞就会迅速响应，将触感传递到与它相邻的两根手指上去。换句话说，从失去一根手指的经历来看，大脑认知就是由经验改变和重塑而来的。

前面提过的被皈依者普遍接受了的思想则充满着科学的味道。没多久，更多的研究纷纷表明，如果你反复刺激某个指尖，那么与你指尖位置对应的大脑地图则会不断扩展，进一步提高着它的存在感。接着我们还能发现，大脑传输如果被阻断了，比如对某个手指实施临时麻醉术，那么相应地，大脑感觉地图也会发生改变。学会了布莱叶点字法（即盲文）的盲人也是个很好的例子，与他们用来"阅读"的手指相对应的大脑地图部位就得到了充分扩展。

一个新的重大发现的出现总会引发一场雪崩式的科学研究，在接下来的十年当中，数以百计的论文纷纷表明，在过去的近百年中都不曾被质疑的有关人类大脑的某个医学理念是错误的：大脑明明是可以被人生经验改变的。而且这种可塑性并不仅仅与大脑的感觉或触觉反应部位相关——它与全部的大脑系统相关，从听力到语言能力，到注意力，到记忆力，不一而足。

尼采的乐观主义和宿命论观点，也对我的认知困惑之旅产生了至关重要的影响。从他的著述中可以看到，人类的情感经历也可以重塑我们生物学意义上的大脑。以婴儿为例，首先特别值得一提的是，从约翰·鲍尔比的研究中可见，婴儿与他们的母亲之间建立起的那种强烈的情感依恋关系对他们的健康成长是至关重要的。在很长一段时间里，这一结论都在被民众广泛接受和传播。然而对一些婴儿来说，实在是很不幸，他们可能无法获得这种体验。这些体验着所谓"不安全依恋"的孩子，他们的母亲往往对其情感需求不太敏感，相比那些有着"安全依恋"的孩子，他们往往会产生更多的内心焦虑感和更少的被安抚的机会。而且，这种体验的影响会持续很长一段时间。

随后的研究中，这些有着安全和不安全依恋关系的十八个月大的婴儿长大了。到他们二十二岁时，那些有着"不安全依恋"体验的孩子，在日常生活中往往更易发生焦虑，这主要表现在他们大脑杏仁核部位的差异上。杏仁核是体现大脑情感反应的一个关键部位。当人们表现得很焦虑的时候，杏仁核部位就会非常活跃。经过多年的积累，由于位于其上的脑细胞常常受到重复刺激，根据生物界"用进废退"的原则，这个部位也会变得异常大。而且，事实上，已经二十二岁的、与母亲的关系不甚亲密的实验人群，即便他们没有被诊断为患上了精神病，但相比有着亲密亲子关系的实验对照人群，他们脑中的杏仁核部位往往会显得更大一些。

我已深深陷入这一新发现：经验就像软件，它可以重新对大脑这一硬件进行构建。

我感觉自己能体会到百年前尼采看到自己的宗教偶像跌落神坛时的感觉

了。差别只在于我的"偶像"是因情绪困扰造成的大脑疾病理论，还有就是一直以来被认可的那个观点——成年人的大脑是"硬连接"的，而现在它们都已无法站稳脚跟，都在偶像的基座上摇摇欲坠。那么为什么我的偶像没有直接轰然倒塌呢？原因就在于另一个板上钉钉的生物学现实在牵拉着我的偶像——情绪困扰医学观点未被完全颠覆，而它就是遗传学。

我们每个人体内大约有 24000 个基因，它们不会因为人生经验而发生变动——或多或少，我们都在坚持着继承祖上传下来的东西。关于大脑是个"硬连接"这一概念或许已经被颠覆，但我的偶像仍未倒下，就是因为有遗传这一客观事实在苦苦支撑。我的精神科医生同事们在对他们手中的病患进行评估时通常都会将目光聚焦在家族史上，这一诊断过程明显具备着非常重要的现实意义。全球的同行们也都一样，都在努力地寻找着那些显然由基因引起的情绪疾病，如抑郁、强迫症及慢性焦虑症等的医疗解决方案。关于双胞胎的那个实验也已经能得出明确结论——大多数情绪障碍问题都存在着强烈的遗传学诱因。

然后，随着砰的一声撞击，我的偶像也在瞬间跌下神坛。

那是在 1990 年，有研究论文向我揭示了一些我之前接触过但并未能正确理解的、与基因相关的科学真相：尽管基因的基本结构不会因为外部事件而发生改变，但它们的运行机制却可以被改变。基因通过"蛋白质"来实现运行，这些蛋白质控制着我们身体、大脑和行为的各项机能。人生经历和环境都能成为基因中蛋白质合成功能的开关。对我在新西兰、伦敦和爱丁堡的每一个病人来说，有一项特殊经历是他们所有人都有过切身体会的。我所说的这项经历就是压力。

对我们大多数人来说，考试总是令人倍感压力，这也是俄亥俄州的研究学者们为了研究一种名为白细胞介素的基因物质而将正处于考试季的医学生们与处于非考试季的放松期间的他们进行对比的原因。研究人员发现，压力会使得白细胞介素这种控制着人体免疫系统功能运行的核心基因的活动能力下降。

之后很多的研究都发现了类似的压力对基因功能所产生的效应。例如，被要求在一定的时间内完成定量心理工作任务的伦敦公务员们会明显感觉到压力。这时，他们体内另一个与免疫系统运作相关并会导致动脉硬化（动脉粥样硬化）的基因就会呈现出巨大的变化。炎症发生时，白细胞介素 -β 基因是通过输送一枚蛋白质来起到上述关键作用的。因工作任务而引发最大压力的那名公务员体内的这一基因的活性也最大，而且这一效应能持续两个小时甚至更久。

塞翁失马，焉知非福。偶像的轰然坠落也坚定了我的决心，我决定成为一名研究人员，并试图进一步理解作为"软件"的人类思想和作为"硬件"的人类大脑之间的这种令人难以置信的相互作用。

随着二十世纪最后一个十年的到来，我意识到将思想和大脑视为两个单独的软件和硬件实体来进行思考是毫无意义的——我们应该思考的是这两者间相互产生着怎样的作用和影响。思想和情感将基因的开关开启又关闭，身体便会在这样的活动机制下重塑我们的大脑。反过来，身体上的生理变化又能引起我们思想与情感上的再造。

要寻找造成焦虑的心理压力源，如果只是单纯地去探索会引发情感障碍的生理因素是没有意义的。心理学家们为大脑硬件所提供的单纯心理疗法同样没有意义。将思想和大脑分离开来进行独立研究的谬论——我在新西兰、伦敦和爱丁堡一直持有的观点——就像板砖一样拍醒了我，同时，也为我敲开了神经科学研究领域的大门。

但我的脑海中仍然萦绕着一个疑问，那就是与我以前所坚持的大脑"硬连接"论点有关的一点边角料：如果心理压力源可以改变我们的大脑甚至是基因功能，那么我们是否可以肯定心理治疗也能起到同样的作用呢？想看到这个疑团被打开，估计我还得等上二十年。语言和行为理论疗法可以从生理上改变大脑：例如，早期就有研究成果显示，为强迫症患者成功实施认知行为疗法（CBT）后，其大脑功能会发生显著改变。很多其他一些研究也已表明，思想软件的改变确实可以引发大脑硬件的变化。

那么当大脑硬件出现问题的时候，那些只信赖电休克疗法等物理治疗方法的精神科医生，在知道上述事实后，他们会对为病人们施予了心理治疗的同事另眼相看吗？而在知道了压力会改变病人的大脑"硬件"后，以前只是专注于思想"软件"的治疗师会不会采取其他一些不同的心理治疗方案呢？我相信，这些问题的回答都会是"会的"。

因为赶上了这股革命性的科学浪潮，我感觉自己的思想已经被完全解放了。1989年，我被这股浪潮席卷到罗马，进行了为期一年的大脑可塑性研究工作。到现在为止，我确信尼采有一项理论可以被认为是正确的——我们运用思想做的事会对大脑产生影响，反之亦然。不管是对你的"软件"方面还是"硬件"方面，压力都有可能会使你变得更为强大。如今，我所面临的挑战就在于如何将上述理念付诸实践，而这也是我在之后的三十年中一直试图努力完成的工作。

1991年，我有幸得到了剑桥一家应用心理学研究所的工作职位，当时，它刚刚改名为认知与脑科学研究所。在那里，我提出了自己的想法，即我们怎样才能最好地利用自身智慧来加强"软件"与大脑"硬件"的相互作用，以帮助大家提升自己的表现力及应对挑战的能力。

1999年，我写了一本名为《头脑雕塑》的书来介绍这场科学革命，并且搬去了都柏林的圣三一学院。彼时，我已越来越确信尼采所提出的某些观点，并试图用一种更科学的视角来解读他所提出的那些概念。

目前来说，人类大脑是已知世界中最为复杂的物质实体，尼采的格言也从哲学意义上指出了人类正是通过自身所具备的复杂能力来塑造着自己的命运。尼采认为，只有当人类完全放弃掉自己所供奉的偶像，大家才能真正地意识到自身潜藏的能力，并运用自己的这种力量去锻造自己的命运。

当我还是个临床心理学家的时候，我曾尽力去记录我那些病人的个人症状，但是现在我才意识到，关于大脑有着"固定电路"的假定早已渗入了我的思想，结果就是我心中那份可以凭借自身能力去治愈这些早期病患的信心大打折扣。而且我内心的宿命论观点似乎也在潜意识中发挥着沟通作用，它将我的思想禁锢于事后被证明是谬论的偶像观点当中。因此，我们可以说，每个人都有一只手可以来损毁自己遗传到的固有能力，并通过神经运动来重塑自身的命运。

现在，一个伟大的想法已经在我的脑海中开始酝酿：我试图去理解思想与大脑间的相互作用以解释为何面对生活抛过来的难题，有些人的反应是"别有幽愁暗恨生"，而有些人的反应却是"何妨吟啸且徐行"。在我搬到都柏林后，时间也进入了二十一世纪，我深信只有将我们已知的大脑"硬件"和"软件"及两者间的相互作用知识结合起来，我们才能真正探索到尼采的格言所言及的深度。面对人生挑战和困境的时候，当一些人完全失去斗志并被重负压弯了腰，而另一些人将运用怎样的方法、将选择什么时机，以及为什么他们就能直面这些挑战与压力呢？

这本书融合了我本人和其他一些研究学者的研究成果，并且里面很多第一手的病例都来自我作为临床心理学家时的工作记录。我将用一种新的视角去回顾那些病例记录，并试图用近十年来出现的近百个全新的理论研究成果来对它们进行全新的分析和解读。要知道，这些新的理论对我们的思想、大脑与情感的理解是颠覆性的！稍有遗憾的是，我的回忆中多少会存在一些非理性的成分。因为现在我已经认识到，如果当年我能了解现在所知道的一些东西，那我当时真应该在那些病人身上倾注更多。

然而令人欣慰的是，通过这本书，现在我可以将多年来从那些病人身上观察出的新结论及可行性建议传播给更多受众。我相信每个人都具备更好地控制自己的思想与情感的能力，而如果大家能将这种能力发挥出来的话，那么也就掌握了将"鸭梨"（压力）转化为"冻梨"（动力）的方式方法。我写下这本书的主要目的，就是想通过让大家更好地理解"软件"与"硬件"间的相互作用，从而知道我们应该怎样以及为什么要学习上述方式方法。

　　我在爱丁堡工作时接触过的两个病例就非常适合用来举例，他们可以让我们明白，不同的人在面对压力时将会有着怎样不同的应对方式。我将会对本书中提到的病人使用化名，并隐去一些关键生活细节和位置信息。

　　露西是被她的大学助教送到我这里来的。二十岁的她美丽高挑，一头金发。美中不足的就是她那双疲惫的大眼睛上有一圈黑眼圈，整个人看上去也是既沮丧又紧张。这位背景优良、衣着得体、谈吐优雅却泪流满面的年轻女孩，手里捏着一块早已被泪水沾湿的面纸，局促地坐在椅子边沿，她甚至伤心到无法向我说清到底发生了什么。她告诉我，她已经失眠了好几个月，而且因为食欲不振，她的体重也轻了不少。她的大学社交生活已经缩小到只能和一个关系亲密的朋友一块儿喝点酒而已，再加上因为整夜失眠，她每天早上都感觉自己筋疲力尽，无法正常起床，因此她现在已经旷课很多节。

　　经过两个小时的交谈，我发现她所陈述的这些令她郁郁许久的问题至少在六个月前就已经出现。而在此之前，她的整个人生都可谓健康快乐，一帆风顺。那么在六个月前，到底发生了什么呢？

　　我一遍遍地帮她梳理，想收集到更多相关信息，但这都是徒劳。引起露西心理焦虑的原因只有一个：算得上她人生中的第一次，在一个无关紧要的期中考试中她居然考砸了！即便在第二轮补考中她已经顺利过关，但从心理上说，前面一次考砸的经历彻底打垮了她。她对这样一个相对来说小到几乎可以忽略不计的挫折的反应，与那句"所有杀不死我的，都会让我变得更强大"所言可谓相去甚远——似乎说成"所有伤害我的，都让我几乎全线崩溃"才更恰当。而且在我做临床心理学家的那几年，我还碰到过许许多多的病人都有着跟露西相似的经历。

　　但也有另一个病例可以用来佐证哲学家的见解。还有一位大学生，也是在他大学助教的极力坚持下被送到了我的面前。看得出来他确实是很勉强才来的。像露西一样，皮特也旷了不少的课——旷课理由却截然不同。当露西在期中考试中没考好的时候，几乎是同时，皮特的母亲因为癌症去世了。而因为要花时间照顾病重的妻子，皮特的父亲失去了工作，又因为无法接受妻子的死亡，他的父亲还开始酗酒。他家的经济情况于是举步维艰，为了尽可能多地保护自己十四岁的小妹妹不被家庭所遭受的不幸所伤，皮特不得不扛起照顾她的重任。

他的老师担心皮特是因为这一系列家庭变故而出现心理问题，所以才会导致他在学校里缺课那么多。但事实证明他缺课的原因再正常不过了。为了缓解家庭经济压力，他找了一份兼职。

而且从交谈中可以看出，皮特确实没有什么精神问题。相反，这场家庭变故"让我变了一个人"，他这样告诉我。在母亲生病之前，他也是一个喜欢喝酒、贪玩、爱热闹的人，尽管每天都会去学校上课，但成绩很一般，每次都只是勉强应付一下考试和作业而已。他对学习从来没有发生过一丁点真正的兴趣，更没有思考过自己的未来。而现在，一切都变了。他开始专注于学习，学得也很刻苦，每天完成工作后，他都会在晚上把白天缺的课补回来。他已经决定学医并计划参加转系考试以转入医学专业。

皮特承认自己有时确实会感到压力很大，但他在描述将怎样去完成他所设立的目标时，他目光炯炯，坚定又有神。皮特没有被打倒，他反而变得更加强大了。

所以到底是什么让皮特在面对压力时做出这样的反应呢？为什么露西又会以她那样的方式臣服于压力之下呢？

经过长达三十余年的研究，现在我理解了为什么尼采的格言会适用于皮特而不是露西。正如我那台运行缓慢的电脑一样，这两个人都因为有压力而需要去面对一些问题。但皮特会设法自行将自己的大脑"软件"重新编程，及时将生活目标由以前的漫无目的调整到专注地照顾家庭以及接受医学生培训，将来去做一名医生。正如我后来通过研究发现的那样，这种"软件"方面的调整，能够有效推进他大脑"硬件"性能的提高。

露西却不一样，对一场考试失败引起的夸张应激反应，她需要我的帮助才能把"软件"进行修复。导致她无法自行走出这段阴影的原因之一就在于她的特殊心理反应已经对其大脑"硬件"产生了不利的影响。正如在皮特的病例里说的那样，她的"软件"不光无法提升大脑运行速度，反而还伤害了"硬件"的功能。所以如果她想要靠自己的力量来修复大脑"软件"，那真可谓难上加难。

通过学习大脑思想这一"软件"怎样与大脑这一"硬件"发生相互作用，对皮特和露西在面对压力时所产生的不同反应，我相信你也能做出解释了。

而为了描述这两者间的相互作用到底是怎样发生的，我就必须来跟你讲个故事了——一个关于我是怎样发现大脑转换点的存在的故事。

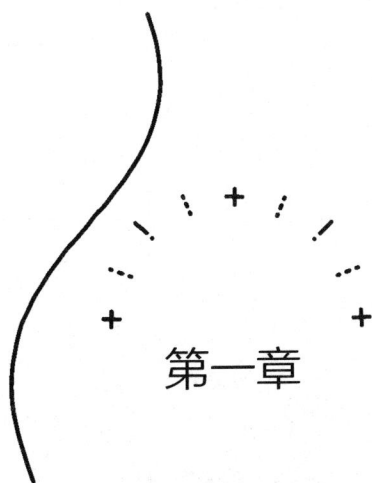

第一章

工程师为什么
要在公路上设计弯道？

　　土木工程师们会不惜花费数亿美元在平坦、空旷的平原地带公路上设计并修建出昂贵且看似并无必要的弯道。这一奇怪的做法说明了长且笔直的道路并非确有必要。如果一定要找出个特例的话，也许你会喜欢澳大利亚的艾尔高速公路，它看上就像一根长达九十一公里的箭头，或者是美国北达科他州的46号高速公路，这条路至少有整整123公里都笔直得如同一把量尺。但真要在这两条公路上行驶的话，你会发现自己的旅程必定会又迷茫又艰难，而且行驶在这些路上还特别容易出车祸。为什么会这样呢？相比花时间和精力来掉转方向、判断路况或频繁刹车，还有什么更简单的法子能帮助车子顺利地一路向前呢？

　　我从来没有注意过路上的弯道，直到我的两个熟人因为两起不同的火车相撞事故而永远地离开了这个世界。

　　1996年8月8日，我的同事露丝·霍兰德在离开自己位于伦敦的英国医学杂志社办公室后，步行了一小段路去往尤斯顿车站，她要在那里坐17：04的车去往米尔顿凯恩斯。列车开动约二十分钟后，在沃特福德南交叉点，司机驾车闯过了一个红灯并与另一辆火车相撞，露丝不幸身亡，另外还有69名乘客不同程度受伤。

事故报道出来以后，调查结论显示，露丝乘坐的那辆火车的驾驶员是在对前面两个黄色警示灯出现时都不曾做出反应的情况下，最终闯过后面出现的那个红灯的。怀着对失去了一个敬爱同事的悲恸之情，我决定找出事故发生的深层原因所在。为什么对看到警示灯要减速这么一个简单的操作，这位司机都无法完成呢？而且很巧的是，这一个人兴趣又能很好地融入我在剑桥应用心理学研究所里正在进行的一个科学与医学研究课题。

当时，我们课题组正在努力寻求帮助大脑受损的病人恢复认知能力的方法。约翰是个电影摄像师，他从一辆正在行驶中的卡车上摔了下来，头部受到了撞击从而导致大脑功能受损。当我坐下来给约翰进行测试的时候，我发现他真的非常聪明，对答卷上所有的问题，他几乎都能得到满分，这能显示出他的注意力、记忆力都十分超群，解决问题的能力也很强。我几乎看不出他有什么与常人不同的地方。那么，你可能就会问了，那他身上到底是有什么问题呢？下面是我摘录的一段谈话记录，交谈者是我、他，以及他的妻子。当我们在里间谈话的时候，他们三岁的儿子安德鲁在外面玩耍，我的一个学生在看护着他，而约翰的妻子怀里则抱着他们的另一个孩子。

"约翰，事故发生后，你有没有碰到什么特殊问题呢？"

"我失业了——大半时间里，我总是不知道自己还能干些什么。"

"那你有没有发现自己的记忆力或注意力有什么问题呢？"

"没有吧，这还真不好说……珍妮总说我稀里糊涂、丢三落四的……"他看了一眼坐在角落的妻子，而她看上去有些紧张。

"珍妮，你注意到他的变化了对吗？"我鼓起勇气直接问道。

"约翰，你怎么能说自己身上什么问题也没有啊！"珍妮突然厉声说道，"昨天我叫你照看安德鲁一下，只要一个钟头而已，可是我回来的时候，他居然还是一个人在那里玩！"她的声音因为气愤而有些发抖了。

"我只是骑自行车上路去试了一下轮胎啊，"他赔笑道，"我一会儿就回来了啊。"

"别骗人了！"她呵斥道，"你回来的时候，我看到你脸上的表情了——你把安德鲁完全忘到了脑后！想到如果我是把老小留在家里的话……"说到这里，珍妮突然号啕大哭起来。

约翰的生活已陷入一片混乱。珍妮威胁说她要离开他了，而且因为自己的不靠谱，他还失去了摄像师的工作。所有这一切都是因为他已经变成了一个注意力无法集中的人：我看着坐在桌子对面的这个人，从日常生活中根本看不出他会是个反应迟钝的人，他的认知功能也是完全正常的。而明明又是同样一个人，他会粗心、轻率且不可靠到完全忘记自己正在照看亲生儿子。

在测试中高分通过的聪明人约翰和坐在我对面的失魂落魄的他形成了鲜明的对比，这让我陷入了沉思。但在露丝·霍兰德死于那场火车事故后，有个想法突然似一道灵光射进了我的脑海。一个火车司机的致命失误和约翰在完成日常生活中例行事件时的混乱无能，这两者间是否会存在某种联系呢？我想，可能是与例行事件相关的什么东西会"关闭"掉约翰和那位火车司机身上所具备的一些过人能力吧。

所以我让约翰做了一些简单的测试，这个测试模拟了列车驾驶舱中单调的例行行车程序。我设定了一套电脑程序，让1到9这几个数字随机地循环出现。对约翰的测试要求很简单，他只需要盯着屏幕，每次看到3这个数字出现的时候就赶紧按下空格键。这个任务极其单调——正如驾驶火车一样——然而令我失望的是，约翰完成得很好。即便是度过了头脑麻木的半个小时，眼前看过近千次数字，而且平均每9个数字中3这个数字就会随机地出现一次，约翰也几乎没有错过其中任何一个。至于另一个相关的实验，约翰也完成得很不错。但我知道，在现实生活中，他的表现不会有这么好。

我还尝试过许多类似的测试，试图模拟其他一些类型的日常生活事务，但所有这些测试约翰都能完成得很到位。我是碰到了神经心理学的特例了吗？专业人士通常都会通过标准化测试来评估一个人的精神正常与否，但现在恐怕我要被啪啪啪地打脸了。约翰的妻子甚至是他的小儿子都能清楚看到的一些问题，我却无法通过这套标准化测试将它测出来——真叫人想不明白！

谢天谢地！谢谢剑桥的茶水时间！自1991年开始我便任职于其中的剑桥医疗研究委员会的应用心理学研究所（即现在的认知与脑科学研究所）多年来都有个不成文的工作规定：每天上午10：30和下午16：00，所有人都要走出自己的办公室或实验室，喝点茶，俯瞰一下楼下大块的绿色草坪——并谈谈自己正进行的科学研究。所以呢，在对约翰身上的问题进行过研究并且失败之后，又过了好几个月的某天上午，我碰巧对坐在我身边的同事杰基·安德拉德吐槽了我的挫败感。

我告诉她我知道约翰身上一定存在一些问题，但到目前为止我还没有办法设计出一套行之有效的测试方法将这个问题找出来。我还告诉她，如果要让约翰将注意力集中在某个无聊情境上的话，这对他来说根本不在话下，因为每次当他看到数字3或其他一些类似固定指令时，他都可以按下相应的目标按键。茶水时间结束后，我回到了自己的办公室。大约又过了半小时，杰基把我喊去了她的实验室。

"试试这个。"她说。

我看了看，原来还是我的那份简单测试，里面还是随机闪现的数字1到数字9。

"我已经试过这套题了。"我兴味索然地说。

"你才没有，因为我的要求是，每个数字出来你都要按一下，除了那个3。"她笑眯眯地回答道。

我一脸的狐疑，然后开始按键盘，除了那个3，每个数字出现我都会按下空格键。

"我的老天爷！"

我已经把这个3误按了第四次了，所以不得不继续按下去。

"天啊！别再这样了……我只是不小心呢！"3出现的时候，我又误按了一次。"杰基，你说这到底是怎么回事啊？为什么我会把3误按这么多次啊？"

杰基于是大笑起来。她也一直在做这个测试，而且她也会像我一样误按，只是次数比我少多了。但不得不提的是，她也发现想要不误按的话，实在是很难啊！所以说，我开始的那套测试方法是错的？看来也真的很有可能呢。

于是我迫不及待地把约翰找来，然后用杰基的方式又让他做了一次测试。庆祝自己发现了别人的病患似乎很不礼貌，但是，我真的发现了！他的测试分数比我还惨不忍睹。尽管他已经在努力克制了，但他还是误按了很多次 3。而且这样一个看上去挺有礼貌的小伙子，过程中仍然会懊恼地喃喃自语，"哎哟！哎哟！"——这句话出现的频率太高，以至我们把他的这一反应直接写进了论文，而这篇以对他的研究为基础的论文发表于露丝·霍兰德去世的第二年，1997 年。上述测试——我们将它命名为 SART（持续关注响应测试）——现在已经是全世界通用了，专家们将它用来评估慢性失眠症到抑郁症以及老年痴呆症等的整体治疗方案。

而我也逐渐找出了问题所在：每次有 3 出现的时候就按一下空格键，对我们的大脑来说并非难事，因为它能很快将这一指令放在"自动驾驶"的控制模式之下。当大脑变得越来越习惯于某个新的任务指令时，它的控制中枢就会从较高的大脑皮质区转移到皮层下的一个被我们称为基底神经节和小脑的区域中，于是上面所说的"自动驾驶"模式就开启了。当你掌握了某项新的习惯性技能后，大脑的这些区域还能在不惊动皮质的情况下偷偷停止运行。这也就是为什么一旦你学会了骑车，你便再也不会忘记，而且后来当你再骑车的时候，你也不需要花太多精力便能重新上手。

SART 中"3 不要按"的测试要求使约翰在每次看到 3 的时候就不得不关闭自己的"自动驾驶"模式，这对他来说就显得很不容易了。对"自动驾驶"模式的抑制会让人难以保持"自动"状态，这需要你始终保持警觉和全神贯注。那么在面对这样一种无聊任务的时候，所有人都会感觉自己难以胜任，尤其对约翰来说，难度更大。

SART 将控制着人类习惯和意识的两个大脑部位放在互相冲突的位置上。控制人类意识的大脑部位始终不停地监控着人脑中有什么任务正在"自动驾驶"，查到后就会将这一任务关闭或是"抑制"。几年后，在最新的大脑成像法的帮助下，我经过研究发现，这种抑制作用发生在大脑的额叶。

相比我之前设计的其他测试，这一新的测试方式将"记住某事并按下某按键"变为"记住某事并不按下某按键"，它与我们的日常经历其实更为相似。我们的一些日常行为——起床、洗漱、吃早餐等等，都是自动的、周期性的活动。它们之所以成为常规活动，理由也是很充足的——试想一下，如果这些每天必须要做的事都需要我们去进行谋划和思考，那一天下来，我们得累成什么样啊！

不过有时这种配备着"自动模式"的周期性日常活动也会给我们带来麻烦。比如，最近我的智能手机内存满了，所以我需要删掉一些旧照片以清理内存。我就一边看一边按"删除"，一边看一边按"删除"，一边看一边按"删除"……一直这样继续着。只是短短十到二十秒吧，我的大脑就不可救药地把这套动作变成了"自动驾驶"模式，然后……真该死！我删除了一张自己想保留的照片。尽管刚开始清理内存的时候，我就一直在提醒自己要把那张照片留下来，但我的小脑还是顺利接管了手指，并让它们趁我那粗心大意的大脑额叶在被其他一些动态有趣的东西分散了注意力的时候按下了删除键。

所以呢，想要顺顺利利地完成当天日程计划的奥秘之一就在于能够及时停止做重复的事以及不要被控制着"自动驾驶"模式的大脑部位影响到你。这就是所谓的"抑制"，并且，为了知道何时需要进行抑制，你得时刻对你自己以及你所做出的行为活动保持关注。特别是当你在驾驶一辆火车的时候，你一定得知道自己要做些什么。

如此看来，对人类大脑来说，最难完成的事情之一就是保持警觉，对周期性的日常活动保持关注的能力就是我们所说的"持续关注"。当我一直试图找出露丝·霍兰德的死亡原因的时候，我发现持续关注能力的丧失就是造成这起世界上最大火车事故的最直接和最重要的原因。

与此同时，我还发现了一件令我惊奇不已的事：世界上有很多实验室都在利用 SART 来研究抑郁症。当时我并不知道这件事，因为那时我的研究重点还在于人的大脑损伤这方面。但它证明了人类应对压力的能力与 SART 所测评的持续关注类型是紧密相连的，对此，下一章节还会有相关介绍。

所以最终我仍然需要在实验室里通过一些方法确认约翰的家庭所面对的问题类型。现在，我已开始着手探索他的大脑到底有着怎样的运行方式，更重要的是，我要找出能够帮助他回归职场的方法，如果可能的话，我还想帮助他挽留住他的婚姻和家庭。但有些事的进展真的不如我所愿。好吧，在前面我也介绍过，要约翰保持注意力是件非常困难的事，并且很显然，这种微弱的注意力应该会引发一些问题，而这些问题也会体现在我之前给他做过的那些测试当中——可他都完成得相当不错呢！

应用心理学研究所的喝茶时间已经过去了若干个轮回，我仍然没有找到这第二个问题的答案。接着我们就迎来了 2002 年诺贝尔奖的揭晓。令我高兴的是，他们将经济学类的奖项颁给了一位心理学家，丹尼尔·卡尼曼——在搬去普林斯顿之前，他是我在牛津大学的前同事。在那里，他的主要研究方向是人的幸福感会迫使经济学家修正他们关于人类经济选择之理性基础的假设。

这促使我去重新翻阅卡尼曼的著作。在牛津大学的时候，这位诺贝尔奖获得者的研究重点并不在于幸福感，我却很关注这一点，并且在几年前就阅读过他的那本《注意力和努力》。仿佛是下意识地，带着一点也许能为约翰的难题找到可能的解决方案的期待，我赶紧去往图书馆，并找到了卡尼曼写的那本薄薄的、上面已经布满灰尘的书（对我的研究，这本书至少有两次都起到了关键性的作用。一次是与约翰有关，还有一次大约是在十几年之后，当我再次读的时候，它帮助我理解了与老年痴呆症有关的最重要的问题之一——我会在本书第五章再进行详细的介绍）。

令人啧啧称奇的是，这本书主要关注的是人眼睛中的瞳孔。当你看到一个你喜欢的人的时候，你的瞳孔就会放大。而当你受到惊吓时，你的反应居然也会是一样的。但卡尼曼有另一个发现——对事物的漠视同样会造成你的瞳孔放大。当他让实验人群来做算术题的时候，他就注意到大家的瞳孔都放大了。不仅如此，任何精神上的挑战都会使瞳孔放大。例如，在一组声音中选出音高略高的那个声音，这样的测试就会对瞳孔产生同样的影响。而且他还发现，挑战越大，瞳孔就会变得越大，这种瞳孔的放大与挑战之间的关系是自动响应的。心理上产生了什么负担的话，貌似会触动大脑里的某个东西，而瞳孔放大就是大脑在发生变化的信号之一。至于到底是个什么样的变化呢？这个我在十年前就已经有研究成果了。

而当我读到这本书的时候，我自己的瞳孔肯定也在放大。现在我终于明白为什么约翰可以完美地通过我的测试，在家里的表现却一塌糊涂了：挑战不同。当约翰坐在桌子前做我的这份测试题的时候，那些题目很难，于是他的大脑就能认真做出回应。当时我并没有测量他的瞳孔是否在扩大，但我敢打赌，就像诺贝尔奖得主丹尼尔·卡尼曼所描述的那样，面对眼前的挑战的时候，他的瞳孔一定会变大。

在面对日常生活琐事的时候，比如照顾孩子们或是组织家庭活动之类的事，理论上它们也算是个大的挑战，而在约翰的脑中，这些都只不过是些日常的行动，都很无趣和无聊，因此他没有特意"打开"任何额外的大脑思考程序。正是这个隐秘的大脑思考过程使得他能顺利通过我的那些神经心理测试……除了SART。一些有难度的挑战激发了约翰要表现得更好的决心，而杰基的SART版本呢，对我来说看似容易，对约翰却未必，它可以完全暴露出约翰在我的那些测试题中没办法确定的大脑问题。最终，我感觉自己对约翰身上所存在问题的理解又上了一层楼。接着，第二起火车事故发生了。

2011年2月28日，我的一位老同事，心理学家史蒂夫·鲍德温为了参加伦敦的一场会议，登上了从约克出发的一列早班火车。大约在早上6：13分，一辆路虎牌汽车从邻近的高速公路上冲出并落在史蒂夫所搭乘列车的铁轨上，径直撞上了火车，将火车挤进一条货运火车轨道，而一列满载煤炭的货运火车正行驶在这条轨道上，这次事故造成了史蒂夫和另外9名乘客丧生。汽车司机被判入狱五年，因为他在行车时居然睡着了！原因则是他在事故的前一晚，通宵混迹于网络聊天室。

震惊于史蒂夫的去世之余，这事让我对露丝·霍兰德的那次事故有了更多的思考。同时，对约翰身上的问题，我也有了新的想法。这些事件的罪魁祸首，真的只是简单到完全出于肇事者的困倦吗？在一个有意做睡眠抗性研究的医学院实习生的帮助下，我和我的那些在应用心理研究所工作的同事迅速决定对此假设做些相关实验。

这位实习生说服了自己在剑桥彼得豪斯学院的十个同学同意自己将电脑放进他们的卧室，并让他们连续四天在四个不同时间段内完成SART测试——这四个时间段分别是早上7点，下午1点，晚上7点和深夜1点——而且要确保他在进入房间开始测试时，他们已经处于清醒状态。实验结果证明了我们的怀疑：当他们正处于睡意最强状态的时候，即早上7点和深夜1点时，他们会比日间清醒状态下按下更多的3。我们将总结科研结果的论文命名为《冲泡玉米片的咖啡》。这篇论文明确帮助学生们理解了为什么在午夜时分，那些睡眼惺忪的医生会更容易偶然犯下致命的医疗失误，比方说会对药物剂量计算失误，或是忘记帮病人打开吊点滴的开关，诸如此类。

上述错误类型跟约翰在心不在焉时经常会犯下的错误类型其实是一样的，它也就是约翰在生活中总会产生分心问题的背后原因。那么是否就像剑桥大学的学生在深夜实验中所表现出来的那样，某种类型的睡眠不足就会导致SART的得分较低呢？

所以，约翰仅仅是个睡眠状况不佳者？我那两位敬爱的同事的去世只是因为两个司机昏昏欲睡吗？想要保持一个好的持续关注状态，只需要保持绝对清醒就够了吗？好吧，只是碰巧像约翰这种大脑受损的人，确实一般都会是个睡眠状况不佳的人吧。而尽管在露丝·霍兰德的案例中，那位司机的情况还没有个明确说法，但史蒂夫·鲍德温确实是死于另一个在行驶中进入了睡眠状态的汽车司机。于是我便再次陷入沉思，睡眠与注意力这两者间到底有着怎样的关联呢？我决定撩开记忆的面纱，将自己之前曾进行过，后来又搁置了的关于睡眠与大脑间关系的研究再度提上日程。

我记得那几位剑桥大学的学生都是在深夜 1 点和早上 7 点之间打瞌睡的情况最为严重，因为在他们的大脑中，控制着"昼—夜""睡眠—唤醒"的生物钟早已深植于大脑中一个叫"视交叉上核"（SCN）的地方。这个生物钟就好比我们大脑中的一个开关，通过抑制化学信息的传递，降低人类大脑皮层的细胞活跃程度，帮助我们进入睡眠状态。然后到了早晨它又会重新启动，帮助我们解除夜间的抑制状态，让大脑恢复清醒与活力。这一机制对我们的身体健康和记忆力有着至关重要的作用，因为一个好的夜间睡眠能帮助我们将一些新鲜经历转化为新的记忆并存入脑海。但它将怎样解释学生们在 SART 测试中的失误呢？对于睡意与注意力这两者间是否会相互影响，我们是否也能从中找出一点细微的线索呢？

然后时机非常凑巧的是，普林斯顿大学的盖里·奥斯顿－琼斯和他的同事们发表了一篇论文。这篇论文中首次提到睡眠生物钟与人类大脑中一个名为"蓝斑"的重要关注力部位紧密相关。这个位于脑干深处的微小细胞群几乎是大脑的关键信息素"去甲肾上腺素"的唯一来源，当然，这个信息素在美国通常被叫作"降肾上腺素"。它是帮助我们凝聚注意力的少数信息素之一。奥斯顿－琼斯发现，当我们注意到某个新鲜事物或者某个令我们感到惊奇、有潜在好处抑或是令人害怕的事物的时候，蓝斑（通常简写为 LC）就会在几毫秒的时间内将去甲肾上腺素迅速散布到几乎整个大脑，它的传播速率远远超过如多巴胺一类的更为人熟知的化学信息素。

所以当"睡眠—唤醒"控制器，也就是视交叉上核开始关闭日间功能并为人类进入睡眠状态做准备的时候，它的部分行动目的就是要安抚好 LC 这个特别活泼的小孩子了——LC 实在太容易被新鲜的事物、令人惊讶的想法以及墙面上某个有趣的图案激发出活力了！它会降低 LC 以及大脑中其他的一些兴奋中枢的活动能力，这样我们才能安然进入睡眠状态，不再被那些或刺激，或新奇，或可怕的想法打扰。

　　然后当我们头脑昏昏沉沉地想睡又睡不着的时候，大脑中 SCN 的控制力就会有所下降，而 LC 的活力则会重新被激活。同时，大脑中的其他中枢仍会受制于 SCN，一定程度上就牵制住了它。可能在这个时候再来喝上一杯咖啡的话，LC 的活力就能进一步摆脱睡眠控制器的束缚，从而让你变得更加清醒。

　　睡意与注意力就像一对分不开的竞争对手那样把控着我们的意识。睡意中存在着一个缓慢的"昼—夜"循环周期，通常我们将它称为"昼夜节律"。我们每个人身上的这个节律的时长都各不相同，并且随着年龄的增长，这个节律的时长也会有所改变。众所周知，青少年和年轻的成年人总是会晚睡晚起，对年纪大一些的成年人甚至是年老的动物来说——节律就有所改变了，他们更倾向于早起，而且通常也会比年轻的时候睡得更早一些。

　　相比上午 11 点，要在凌晨 4 点集中精神似乎难度会更大些，用咖啡冲泡玉米片的需求似乎也会更大。因为在凌晨 4 点的时候，SCN 这个睡眠控制器正在值守并抑制着 LC。想要在夜间找出问题解决方案或是进行学习就很困难了，因为 LC 无法释放出大脑所需的、足够数量的去甲肾上腺素来帮助你集中注意力或是进行学习。

　　但即使是在时间仍然较早的晚上，即使你的警觉时间尚未到达 SCN 的启动时间节点，你也未必能保持注意力的集中。请记住，LC 和 SCN 始终是处于竞争态势的，彼此都想关闭对方的开关。不管出于什么原因，一旦 LC 的活力开始下降的话，视交叉上核就早已在旁蓄势待发，时刻准备着上位，去窃取大脑中它最爱的那件睡眠斗篷。那么到底哪种东西会降低 LC 的活力呢？一场乏味的演讲、一场无聊的电影或是某个平淡无味的故事都能达到此效果，同样，毫无疑问地，能达到同样效果的还有——一条没有弯道的公路。

　　所以这就是工程师们要花那么多钱在公路上建造出看似毫无意义的弯道的原因：将蓝斑从它的竞争对手——控制睡眠的 SCN 手中拯救出来。与一个言语平淡的讲师会将听众引入昏昏欲睡的状态同理，一位富有感染力的讲师则会让昏昏欲睡的学生们重新振奋起精神。所以在公路上修建一个简单的弯道，可以让无聊的驾驶体验变得足够有新意，这一程度适中的挑战能让 LC 为大脑分泌出更多有着抑制睡意作用的去甲肾上腺素。

史蒂夫·鲍德温去世的原因是，在那位将他所乘坐的火车撞出轨道的路虎车司机的脑中，蓝斑在与视交叉上核的对抗中失败了。他那天早上无法保持良好的清醒状态，因为头一天晚上的缺少睡眠使得 SCN 在他的大脑中占据到了有利地位。而在深夜一点的 SART 测试中表现不佳的学生们则与那位司机有着类似的昼夜节律，同时，这也是约翰身上的问题的根源所在。

我知道低水平的去甲肾上腺素会引发睡意。所以我不禁很想知道——这种大脑中的重要化学信息素的缺乏是否也能解释约翰身上的问题呢？但问题也随之而来——我没有办法来测量大脑中去甲肾上腺素的多少，所以我也无法对自己的这一假设进行检验。我的研究进入了瓶颈期。

这个时候我已经搬去了都柏林的圣三一学院。在那里，我的一位同事麦克尔·吉尔，当时正在研究遗传学中的 ADHD——注意力缺陷多动障碍症。能够诱发 ADHD 的因素有很多。但是，在偶然一次与麦克尔的交谈中我得知一种致病基因，如果一个孩子从他的母亲或者父亲甚至是两个人的身上遗传到了一个或者两个这种基因的话，那么相比体内没有这种基因的孩子，他们日后患上 ADHD 的概率会大上很多倍。让我感到异常兴奋的是，这种名为 DBH（多巴胺 β 羟化酶）的基因对去甲肾上腺素到底会产生多大影响，这对大脑研究是非常有价值的。

约翰身上所显示出的注意力障碍类型是否真的与 LC 和去甲肾上腺素相关呢？直到这个时候，我终于有机会看到上面这个导致史蒂夫·鲍德温英年早逝的原因的假说能否被证实了。如果我是对的，那么体内带有一到两个致病基因的患有 ADHD 的孩童大脑中的去甲肾上腺素含量则会偏低，而且相比体内没有这类基因的 ADHD 患病孩童，他们在 SART 测试中的得分也会相对偏低。

我们设法取得了对上述问题的答案进行研究的许可，并雇用了一位才华出众的澳大利亚博士后马克·贝尔格鲁来进行实验的跟进。为了找到我那个问题的答案，马克花了两年时间在爱尔兰境内四处巡游，专门对已经确诊 ADHD 的儿童进行测试。这是一个有些冒险的预测：所有患上了 ADHD 的儿童，他们都有着类似的注意力不集中和冲动冒进的症状。我们预测 SART 测试能将这些没有进行预先分类的患病孩童自然分类，这些身上带有致病基因和没带致病基因的孩子对他们大脑中去甲肾上腺素的影响程度也将会是有区别的。

当研究结果出来的时候，我忍不住发出了欢呼声。我们不光通过 SART 测试将身上带有 DBH 基因和不带 DBH 基因的孩子进行了区别，而且那些体内携带了两个致病基因的孩子在 SART 测试中的错误率会高于体内只有一个致病基因的孩子。同时，这两者在 SART 测试中的错误率通常又会高于体内没有那个致病基因的孩子。最后，我开始寻找构成良好注意力的重要成分——注意力、挑战和大脑化学反应这三者间的联系纽带。

但是，总是与科学形影不离的东西又出现了——又一个新的疑团开始困扰着我。在上一轮实验中，我的研究对象是一群特定的、患有 ADHD 的儿童。而如果注意力和去甲肾上腺素真的与公路上的弯道、注意力涣散的父亲以及出了交通事故的司机有关，那么我应该将这些关联在一起的事物放到正常、健康的成年人中进行研究才对。于是我安排自己在圣三一学院带的一位名叫席亚拉·格林的博士生来对一些都柏林人进行测试，他们体内分别带有零个、一个或两个能对大脑中去甲肾上腺素产生影响的基因。

席亚拉的测试结果证实了我的理论。在正常、健康的成年人当中，有基因令他们大脑中的去甲肾上腺素分泌量轻微少于其他人的，在 SART 测试中通常会比其他人更多地做出"哎哟"这样的懊恼反应，同时也会按下更多的数字 3。所以说，这就证明了我的理论并不只适用于患有 ADHD 的孩子，对此我表示欣慰。

对科学家来说，一些细微的、抽象的事情就能让他们变得很兴奋，而对普通人来说，要让他们从眼前的现实生活中提炼出相关的学术论点，那他们恐怕只能摸摸头一笑而过了。作为一名临床心理学家，我想知道在看到数字 3 的时候就按下空格键、有去甲肾上腺素或是没有去甲肾上腺素，诸种情况对我们的生活是否真的很重要。我的同事，临床心理学家汤姆·曼利则很高兴帮我一道寻求答案。

汤姆和我邀请了两组正常、健康的成年人来做实验。这两组人之间只存在一点区别——注意力集中的程度不同。诺贝尔奖得主丹尼尔·卡尼曼在牛津大学的同事，伟大的心理学家唐纳德·布洛德本曾设计过一个"认知失误问卷"，用以测量人们心不在焉时的倾向程度。下面就是问卷中的一些问题——你觉得适用于自身的答案越多，就证明你在日常生活中心不在焉的情况越严重。每个问题你都可以用"很经常""经常""偶尔"和"从不"来回答。

- 当你在阅读什么东西的时候，你会发现自己没有看进去，所以你需要回过头再看一遍？
- 你会发现自己忘记了为什么要从房间的这个地方走到另一个地方？
- 当你在开车的时候，你会发现即使自己在专注地看，但仍然会错过信号灯的指令？
- 在选择方向的时候，你会左右不分吗？
- 你总是会撞到别人吗？
- 你总是会回去检查自己是否关了灯、关了炉子或是锁了门吗？
- 当有人在向你介绍自己的时候，你会发现自己根本没有在听吗？
- 你会在说完一些话之后才觉得自己有口不对言、侮辱他人的嫌疑吗？
- 当你手头上正在做某件事的时候，你会听不到旁人在跟你说话吗？
- 你会很容易被激怒，事后又后悔吗？
- 你会遗失重要邮件、信息或是好几天都忘记回复他人信件吗？
- 对于你很熟悉却走得少的道路，你会忘记在哪里转弯吗？
- 当你在超市里选购物品的时候，会出现你想要的东西一直摆在眼前你却视而不见这种情况吗？

- 当你在思考自己是否正确使用了某个字词的时候，你会突然走神吗？

- 做决定对你来说很难吗？

- 你会忘了自己有约会吗？

- 你会觉得自己很容易将钥匙或眼镜这类东西遗落吗？

- 你会不小心将想要保留的东西扔掉，而将要扔掉的东西保留下来吗？

- 当你应该认真聆听的时候，你会走神吗？

- 你会忘记别人的名字吗？

- 你会正在做这件事的时候，突然又分心去做另一件事吗？

- 有时候有些话"就在嘴边"，你却实在想不起自己要说什么，会这样吗？

- 进入商店后你会忘记自己要买什么吗？

- 你会总是掉落东西吗？

- 你会发现自己开口以后总想不起来自己要说些什么吗？

在这套问卷中，你能拿到的最高分是 125 分——尽管我们从来没有看到有哪个人会对上面这二十五道题中的每一道都回答一个"很经常"。心不在焉的状态是持续性的，但大部分成年人在这套测试题中的平均分都会在 40~60 分之间。

我们还发现，像摄像师约翰这种大脑受损的人身上通常都会有这类型的问题。但是这个人群呢，比如约翰本人，并不会特别留意自己身上所体现出的心不在焉的行为。所以后来我们就发现缺少自我意识与这类型的注意力障碍之间也存在着一定的关联，对此，我会在第四章进行详细解读。

约翰的家庭日复一日地忍耐着约翰做任何事时的心不在焉，其他有着大脑受损家庭成员的家庭，也在忍受着同样的事。更值得一提的是，在 SART 测试中的表现越差，家庭对这些人在做事时心不在焉的抱怨就越严重。所以我的临床心理学家同事们都确信，SART 测试绝不是一场与人们日常生活毫不相干的、不接地气的电脑测试：恰恰相反，它能很准确地预测到大脑受损人群每天的日常生活会有多么艰难。

　　但这一测试会与你我这种并未遭遇大脑伤害的人有关系吗？或者说，它与平时表现很正常但会在关键时刻注意力涣散从而造成致命车祸的司机有关系吗？汤姆和我安排一些正常人也做了 SART 测试，这些人身上也都或多或少地存在着一些认知失误——分数出来之后，可以确定的是，在 SART 测试中，相比那些得分低的人，平时心不在焉的程度更严重的那群人的错误率几乎是他们的两倍。

　　但是，像所有科学研究一样，你得继续去寻找一些更有说服力的证据。我想知道，如果在智力水平相似的情况下，有心不在焉倾向的人群是否会比正常人群更难以达到注意力集中的状态呢？也许在 SART 测试中对去甲肾上腺素更为敏感的这类人群并不会与常人有所不同呢？

　　为了找出问题的答案，我们又编制出了一个与 SART 很相似的测试，但这个测试与 SART 的区别就在于，平均每一秒都会有一个数字冒出来，这个数字就是 3。感觉上它会与正常的 SART 测试有很大不同，因为在正常测试中，3 这个数字只会随机地出现在 10% 的总测试时间内。在这个出现概率占总测试时间 50% 的新版测试中，数字 3 的出现仍然是随机的，但出现概率提高了不少，而且测试参与者们几乎不会被拐带，甚至没有机会误按下其他所有数字。

　　结果正如我们所预测的那样，有心不在焉倾向的实验人群和其他正常人一样，很好地完成了这套测试——约翰也不例外。为什么会这样呢？原因是一样的：挑战。数字 3 的频繁出现刺激到了约翰大脑中某个面对日常生活时会无动于衷的部位，而这样的刺激对在日常生活中总是爱丢三落四的那群人也一样有效。同理，土木工程师只是简单地分析了一下事故统计表，就知道了在修建公路时，他们需要设计出一些弯道来提高大家的注意力。

　　数字 3 的出现概率达到 50% 的这套新版测试题，就如同公路上的那些弯弯曲曲的弯道一样，因为有挑战的存在，所以你就要一直保持警觉和专注。在上述环境条件下，约翰和我们这些有心不在焉倾向的实验者在进行处理时都不会觉得很难。而一旦这种持续性的挑战消失，处理时需要动用他们大脑中遗失了的"那个物质"的时候，他们就会明显力不从心。

　　从我们对 ADHD 患者进行的研究可以看出，现在我们已经有了足够多的证据来验证之前的那个理论：约翰身上的问题有相当一部分就是由他大脑内部缺少了去甲肾上腺素造成的。但我心中仍有疑团存在："他们大脑内部"能确保充足供应遗失了的"那个物质"的控制中枢具体在哪里？我们都知道这种关注力与大脑中的去甲肾上腺素密切相关，但这种如公路上的弯道一样至关重要的物质到底是由大脑中的哪个部分负责供给的呢？为了速战速决提高效率，我与汤姆·曼利，还有我剑桥大学的同事们一起完成了一项关于 SART 的脑成像研究，此外，还与多伦多若特曼研究所的布朗·拉文尼一道，又进行了一次同样的研究——而两项研究的结论几乎是一致的。

　　大脑前方的右部外侧，通常所谓的"额叶前部背外侧皮层"——大致对应着你大脑外右侧太阳穴位置——一定程度上参与了在大脑中释放去甲肾上腺素的工作。要知道，这种物质与公路上的弯道一样对人至关重要。这是一个非常有意义的新发现，因为这同时也证明了，人脑内的同一部位还参与了比保持注意力更有意思的另一件事——自我意识，我在几年后发现它是一个能够帮助我们积极应对压力的重要因素。

　　但接下来我们应该怎样帮助约翰呢？他在家里的表现已经越来越差，而且一直也没有找到新的工作。他需要一些弯道来帮助集中注意力，但我要怎样才能把这些弯道建造出来呢？我要怎样才能把实验成果转化为一个对约翰来说行之有效的解决方案呢？最终的答案，来源于克里斯汀……

　　克里斯汀，一位来自剑桥北部沼泽地区的七十岁的老太太，她为人非常温和友善，由于她的右侧大脑受到了中风的影响，所以她不光左侧身体偏瘫，还罹患了一种被称为"空间忽视"的疾病。在这种特殊病人眼中，他们的所有行为都似乎显示出左侧的世界是完全不存在的。举个例子吧，比如他们在看报纸时，只能看到报纸右侧的内容，吃东西时也只能吃到盘子右侧的食物，只能与坐在他们右侧的人进行交谈，诸如此类。

　　然后有一天，似乎是出于直觉，也似乎是受到我之前做过的一些研究的提示，我发现我可以通过用拍手或蜂鸣器制造出某种随机的噪音来帮助克里斯汀将注意力集中到左边来。

　　我们发现对其他一些深受此病困扰的病人来说，此举同样有效，于是将这一研究结论发表在了一本名为《自然》的科学期刊上。这项研究背后的理论思想就在于，突发的声响能促进病人的警觉性，而且又因为警觉性是由人的右脑控制的，它能同时提高病人对左侧空间发生注意的能力。或许同样的理论在约翰身上也能奏效呢！

　　与此同时，汤姆·曼利和我也发现了另一个测试同样能够找出约翰身上的问题。我们在电脑上为他设计了一项虚拟的工作——宾馆前台。我们让他假装成一个宾馆的前台工作人员，现在他手上有五个不同的工作任务，这些工作任务都不可能在半小时内完成，而我们则要求他在十五分钟内完成。第一项工作任务是校对广告传单；第二项工作任务是将慈善箱内的捐款硬币按不同的面额进行分类；第三项工作任务是为一场会议摆放姓名牌；第四项工作任务是整理客户的宾馆账单；第五项工作任务则是为一场营销活动收集电话号码。我们告诉约翰，他肯定无法及时完成任何一项工作任务，但是他可以在规定时间内完成等量的五项任务。完美的分配方案应该是花三分钟来对付硬币，再花三分钟来对付会议的姓名牌，以此类推。

　　事实上，日常生活中大多数工作都是这样的。你手上可能有很多事需要完成——就像杂技中的"接球"一样——但又没有足够的时间来完成其中任何一件。事实上，一般来说，现实生活就是这样的——我们需要从一件事跳至另一件事，应付好每一个不同的要求，搞定后又回过头来完成之前要做的事。约翰在此间的表现却非常糟糕，而这就是他倍感压力的原因所在。

　　事实也是如此，当我们将已经被命名为"宾馆测试"的这套题目交给他之后——约翰的表现确实是让人不忍直视。尽管他面前就有一个很大的时钟，但他好像还是全然忘记了自己应该将任务时间进行分配，所以在做完上一件事后，怎样与下一件事进行衔接他也是全无概念。最后，连他家那位全程都在进行旁观的妻子珍妮都看不下去了，他这种注意力没法集中的人所做的事，谁看到应该都会泄气吧：比如他会一门心思地把捐款箱里的硬币进行分类，光是做这一件事，他就花了整整八分钟。接着他好像就意识到这样是不对的，手上好像还有其他任务没有完成，于是他就马上去制作会议姓名牌了，于是时间又流逝了五分钟。在剩下的最后两分钟时间里，他才开始手忙脚乱地查阅电话号码。他没有做校对工作，更没有时间去整理账单。所以也无怪乎他无法胜任任何一种工作了。

那么现在，是时候为约翰大脑中的"道路"设置几个"弯道"了。我们的"弯道"就是由蜂鸣器随机发出的、每十五分钟就能出现六次鸣叫声。令人欣喜的是，只需要简单地制造出一些这种无意义的提示声，就足以将约翰这种注意力无法集中的人转变为一个能圆满完成多项工作任务的虚拟宾馆前台。他能同时着手做好这五项工作，并且在规定时间内，还能将每项工作的工作量都完成得很平均。按响一个蜂鸣器就好比是公路上设置的弯道，它能帮助约翰表现得像个正常人。我们接着对十个与约翰有着类似问题的人都用这样的方法进行了一番测试：结果就是它对他们同样有效。

所以我们计划帮助约翰提高统筹兼顾的能力——不过仅限于在十五分钟之内。当他留在家里照看自己的小宝贝的时候，我们的那个测试能起到什么作用吗？这时候我们就需要克里斯汀上场助攻了。通过拉响一个蜂鸣器，我们已经帮助她变得更为警觉，并且对发生在她左侧的事物，她也已经能够进行留意，但我们还在努力找寻方法帮助她脱离蜂鸣器，学会自主留意。其实方法也很简单，它是这样起作用的。

首先我们与克里斯汀讨论了她是怎样变得无法集中注意力直至完全无视周遭的事。比如，她女儿就发现通常是在探访时间的中期，她会慢慢变得反应迟钝和茫然，这让她女儿很是无语。渐渐地，克里斯汀也发现了自己身上总是会出现这一问题，所以每次当她意识到自己的反应时，她也会沮丧不已。

"克里斯汀，你女儿说在她们探访你的时候，你们聊着聊着你总是神游天外，无视她们了？"

"她们确实是这样跟我说的，可当时我的反应是怎样的，我本人是完全没意识的。不过有时我会发现她们都在盯着我看，这时我就知道我刚才肯定是又走神到别的地方去了。"

"你觉得为什么会出现这样的情况呢？"

"我也不清楚……我觉得可能是在中风后，我变得有些嗜睡的缘故吧。"

"那我可以做个测试吗，克里斯汀？我想要击个掌。"

她略带疑惑地看着我。

"悉听尊便。"她笑着回答。于是我将手掌重重地拍响了一下。

"你体会到什么不同的感觉了吗？"我问道。

"我有种被惊醒的感觉。"她说。

"意识方面更警觉了吗？"我继续追问。

"哦，还真是——刚才就像喝了一杯浓咖啡似的。"

"那我还能再试几次吗？"

"完全可以啊。"

我静静等待了一阵，直到她开始习惯性地环抱着双手想要入睡，于是我马上又击了一次掌。她的头马上抬了起来，睡意全无的样子。又击了几次掌之后，我问道："你觉得你自己可以学会刚才的那套方法吗？"

"自己击掌吗？"

"哦，不是的，我的意思是，如果我什么也不做，你也能让自己找到刚才的那种感觉。"

"我是很想呢，可是怎样才能做到？"

"如果你想的话，你随时都可以击掌啊，不过下面这三件事，可能会比击掌更简便哦！首先，挺直身子站起来，然后做个深呼吸，最后你可以对自己说个单词或是一句话，只要它能帮助你找到那种清醒时的感觉就行。你觉得自己想说句什么话呢？"

"快清醒吧。"她毫不犹豫地脱口而出。

"棒极了，现在你会自己做这个词语检索游戏了吗？以后当你再感觉自己精神涣散想要睡觉了，你能做到我刚才说的那三件事吗？如果我看到你又注意力不集中了，而且也不记得我刚说的话了，请放心，我会提醒你的。"

几分钟后，克里斯汀果然又没法集中注意力了，但她好像没有注意到这个问题。为了提醒一下她，我拍了拍她的肩膀，几秒钟的停顿后，她挺直身体站了起来，做了一个深呼吸，并大声说了句："快清醒吧！"

"有效果吗？"我问她。

"当然有，"她笑着回答道，"我完全清醒过来了。"

在接下来半个小时甚至更长一些的训练时间里，克里斯汀几乎都能够通过自我惊醒程序重新回归到清醒状态，这期间我只是提醒了几次而已。进行了几次拜访之后，她已经能将这种方法融入自己的生活习惯当中，而在此之前，她连想都不敢想呢！她的注意力集中的频率已越来越高，她左侧身体的意识也越来越强，这意味着，出去散步时，她再也不用担心会有注意不到的东西伤害到自己了。克里斯汀的女儿对自己的母亲看起来越来越"在状态"感到十分欣慰，而且在与母亲谈话时，她们也终于得到解放，因为她们再也不用说着说着就要把母亲摇醒。现在，她们只需要等着母亲自己回过神来就行。

这一非常简单的技能之所以行之有效，就是因为一个直接的身体姿势或是一个深呼吸，都能加强大脑的觉醒。说一句提示性的话则能够帮助大脑建立起一个类似"注意力唤醒机制"的开关。换句话说，为了起到集中注意力的作用，这句话也可以换成某个计划或者意图。因为我们发现这种方法对其他一些有空间忽视症的病人同样有效，所以我将这种方法发展成了一种理论，一种康复治疗师可以在常规治疗过程中帮助病人进行训练的理论。

我们也在约翰身上尝试了这一方法。他的提示话语是："注意力集中起来！"他已经学会了在一天中每隔几分钟就停下手中正在做的事，对自己说一句："注意力集中起来！"然后挺直身板站起来，思考一下他当时正想要去做一件什么事。一开始，当他发现自己总是忘记要去看一下自己那极度活跃的三岁儿子在隔壁房间玩些什么的时候，他总是会陷入恐慌。但渐渐地，利用这一简单的心理调适法，他变得不再浮躁。他从来都不敢想象自己有天能重新回到摄像师行业中去，他只是在当地的一家酒吧里找了一份兼职而已。一天下来，不管他正在做什么事，他总是需要一次又一次地使用"公路弯道"心理调适法。而这个方法，也已然成为一个不会打扰他正常活动的生活习惯。家庭生活的压力不再像以前一样让他感觉不堪重负，他的孩子们也能感觉到更多的安全感了，他的婚姻就此得到挽救。

丹尼尔·卡尼曼向我们列举了很多公路上的弯道——任何一种挑战都称得上是弯道，换句话说——它提升了我们的眼界，让大脑清楚地知道要去迎接挑战。普林斯顿的盖瑞·奥斯顿－琼斯和他的同事通过动物实验发现，当动物注意到某个重要事物的时候——某件事、某个想法、某种情感等等——小小的 LC 就可以分泌去甲肾上腺素，迅速将消息传遍大脑。但是，LC 和去甲肾上腺素作为一方面，卡尼曼所言及的扩大的瞳孔作为另一方面——这两者间会不会也存在着某种联系纽带呢？

我在都柏林圣三一学院的同事们，皮特·莫非、乔什·巴斯特、雷蒙德·奥卡内尔以及我本人，直到 2013 年才发现了被忽视的纽带。我给一群实验志愿者安排了一项简单的、与注意力相关的任务。我安排他们都躺在实验室的核磁共振成像扫描仪上，准备对他们的瞳孔直径进行扫描。在大约四十五分钟的时间里，他们需要观察头顶屏幕上所显示出的一些斑点，当偶然出现了某个大一些的斑点的时候，他们就必须按下一个按钮。这项任务很枯燥无聊，但也算是个强度较低的心理挑战，所以毫不令人意外的是，实验结束后，志愿者们的瞳孔直径都由大变小了。但我们的"挑战"就随之出现了：在去甲肾上腺素这一大脑兴奋度的唯一来源——这个小得微不足道的、直径只有两毫米宽的大脑内部细胞丛——和实验志愿者们的瞳孔活性之间，我们能否探索到这其中也存在着某种若隐若现的联系纽带呢?

当然可以。LC 的激素传递与瞳孔的放大和缩小就是同步的。而且,一旦目标物出现,瞳孔和 LC 就会同时注意到这个挑战——就像路面上的弯道一样。大脑内部去甲肾上腺素与瞳孔放大之间的这种联系,终于首次被公之于众。

而现在,我们仍然无法确定约翰大脑内部到底发生了怎样的改变。因为他的案例是在我最终发现"去甲肾上腺素—瞳孔联系理论"之前很多年发生的。所以我们还在尽最大努力去挖掘他的大脑活动机理,这次我们使用的方法是通过皮肤的排汗反应来观察去甲肾上腺素活动。这一方法就是所谓"对抗或飞行反应"的普及迷你版本,它意在收集并分析人在应对危机或挑战状况时的身体交感神经系统反应。

去甲肾上腺素是实验连锁事件中最为重要的一种激素,它能在我们需要进行搏斗或是迅速跑动时指挥我们的汗腺排出汗液,从而降低人体温度,提高行动效率。皮肤的排汗状况看似微不足道,却与大脑中去甲肾上腺素的扩散与回落密切相关,所以它也能被视为观察大脑活动的大概标志。它与我们所发现的人眼睛里瞳孔的秘密是相对应的——如果你看到了某些有趣的、困难的、有吸引力的或是令人恐惧的事,你的瞳孔就会因为去甲肾上腺素的分泌而放大。

我们与莎莉——一位被诊断为多动症的成年病人也进行了会面。她告诉我们说,她非常希望自己能在尚未成年时就被确诊,因为她发现留在学校读书简直是一种太过无聊的折磨,而且心情也一直因为自己的注意力无法集中和冲动而搞得非常沮丧,没办法振奋起来。我之所以能见到莎莉也是因为她志愿加入我们的一项实验测试中,而我们所做的这种警觉力训练,在脑部曾受过创伤的摄像师约翰身上显示过它的积极效用。

为了帮助像莎莉这样患有多动症的成年人,我的同事雷蒙德·奥卡内尔和我一致决定将皮肤排汗测试作为他们产生警觉的信号。一旦出现了某些新鲜的、令人惊讶的、有趣的或是令人感怀的事,不仅你的瞳孔会放大,你的皮肤也会发生轻微的排汗反应。正如丹尼尔·卡尼曼所言,即便是单纯使用心理测试,你也会有上面所说的反应。如果我们想要将患有多动症的人的实时排汗状态显示出来，我们只需要在电脑上做一个动态图表就可以了。这就是我们所说的"生物反馈"的类型之一。

生物反馈就是通过一些指标显示出人体或大脑在正常情况下意识不到或感觉不到的信息。例如心跳频率、血压或某一特定肌肉群的紧张度等等。如果只是简单地注意到这些信息，再通过某项实验或某些研究人员目前也无法完全理解的错误方式，你可以经常来学习怎样去控制它们，但未必真实有效。而关于这些实时反馈的信息——比如心跳频率——你确实可以尝试通过很多种方式去降低或提升你的心跳频率，最终，你就可以找到最常用的一种，这些古怪的方式可能你们自己都无法解释，可是它确实有用、无害。在电脑屏幕上则更为直观，人们只要通过挂在身上的皮肤电导就能在屏幕上看到相关数据的缓慢升降。下面就是我们对一位患有多动症的实验志愿者珍妮所进行的指导。

"珍妮，你有没有看到那条直线一直在动？"

她点点头。

"它就是对你的手指部分皮肤所进行的双电极记录。如果你感觉无聊或是想睡觉，这条线就会往下延伸，而如果你感觉兴奋或是恐惧，它就会向上扬。如果你只是保持着普通的警觉，它会始终在中间位置向前延伸。明白了吗？"

"听懂了。"她一边说着，一边用双眼紧盯住那条在屏幕上游走的直线。

"现在呢，在接下来的几分钟里，我会站在你后方的这个位置拍一下手掌。没什么问题吧？"

"没问题。"她说。

随着时间的流逝，我看到那条线已经在向下游走——珍妮也开始有些坐不住了，屁股在椅子上动来动去，显然，这是因为她已经感觉有些烦躁和无聊。于是我在她脑后用力拍了一下自己的手掌。

"哎呀！"她惊叫道，并且转过头来看了我一下。

"你看下电脑屏幕。"我说。

那根线条就像是要在屏幕上描画出一座高山的山峰一样，陡然走高。我们静静坐着，看着它随后又下降到山脚下的大本营。就像是对克里斯汀那样，这样的实验过程我又在珍妮身上重复了几次。每次，这张图表都会有高峰的出现。

"现在轮到你自己来了。"

"什么意思啊？"她问道。

"我希望你能够自己控制大脑，然后通过你的皮肤出汗反应来自行制造出屏幕中的高峰。"

"我应该怎么控制啊？"

"回忆一下在我击掌后，你的身体产生了什么感觉呢？在你的头脑中自行想象一下那个感觉，然后尝试着将它创造出来。"

我注视着珍妮，她正在努力尝试着控制自己的大脑觉醒系统。过了一会儿，什么也没有发生，而且她坐在那儿都开始有松懈的迹象了。

"哎呀，来了！"她突然大叫一声，手指着屏幕上那条正慢慢走高并呈现出峰丘的线条。

"太棒了！"我说，"现在再试一下吧，让这线条的起伏更突出些。"

不到二十分钟的时间里，珍妮就利用自己的皮肤电导制造出了多个高山巅峰般的线条。

"真是太神奇了！"她说，"我真的能够控制自己的大脑了吗？"

"你当然可以啊，珍妮，我们觉得你是给自己的身体注射了一种你自己分泌的、能够帮助你提高警觉力的药。它的名字叫去甲肾上腺素。"

"好酷！所以我现在可以自己给自己配药了吗？"

"当然了。你现在所需要做的就是学会给自己注射一点这样的药物，特别是当你要去做某件重要的事情并且确实不想搞砸它的时候。"

"比如当我需要为老板校对我的月度报告的时候。"

"确实如此。当你在做这件事的时候，你确实需要给自己注射更多一点的药物。"

"还有就是当我需要去男友母亲家吃晚饭的时候——我曾经没留意就把一些愚蠢的话脱口而出了，这让她很不开心，后来我和我男友还大吵过一架呢。"

"听上去，在那种场合下你确实需要加大剂量。"我开玩笑道。

在进行这种生物反馈测试约半小时后，我们发现几乎所有像珍妮这样患有多动症的成人志愿者都能自主学习把自己"摇醒"。因为当时我们还不知道瞳孔的扩大也能作为去甲肾上腺素活性的一项测量指标，我们便无法证明这一点，但我们猜莎莉和其他一些志愿者应该都学会了为自己"注射"去甲肾上腺素。我们还发现，正如在 SART 测试中看到 3 就要按下空格键那样，如果人们能够经常进行上述练习的话，他们集中注意力的能力可以得到相应的提高，因为冲动而犯的错误也会相应减少。

现在，每次"注射"都只能持续几秒钟，而且我们也无法想象最终增加的去甲肾上腺素在莎莉大脑中的具体激素水平。我们现在想要做的只是培训像她那样的患有多动症的志愿者能够进行自主"用药"，也就是说，让他们能够在我们的帮助下，每到一些他们所认为的关键时刻，每到犯了心不在焉或是冲动的毛病让他们陷入麻烦的时刻，他们就能为自己"注射"一点去甲肾上腺素（对此我们仍持怀疑态度）。

莎莉逐渐意识到了要将这些危险时刻进行分类。对她来说，危险时刻指的不过就是那些没有特别挑战出现的时刻，还有就是单调的日常工作时间。不过不管是不是日常工作，她都需要对这些工作负责，她需要集中精神来写工作报告，或者是认真对会议内容进行记录，等等。对这位聪明的女士来说，大多数时候她都能轻松应对这些工作任务，但这也会给她带来容易走神的巨大风险，她的公司也会相应地付出一些代价。

所以莎莉学会了辨别这些危险时刻——当她在工作日里要完成一些例行但又很重要的工作任务时，她就知道是时候使用自己之前学会的那套自我警醒方法了，于是在完成任务的过程中，她会反复多次进行练习，自行给予她的大脑"注射"足够天然和足够安全的去甲肾上腺素以帮助保持注意力的集中，避免在工作中出错。在会议过程中，每当感觉自己有分心走神的趋势，莎莉也会使用这套方法以避免遗漏记录会议要点。这些都帮助她大幅提升了自己的工作表现，她也变得更加热爱自己的这份工作了，因为后面你就会知道，无聊感也会造成人的情绪低落。

我带的博士生西蒙娜·萨洛莫内、同事雷蒙德以及我本人所进行的实验都证明，我们的方法不仅仅对莎莉有效，还对很多跟她有着类似病症的人群同样有效。在他们完成了为期三个月的自我警醒训练后，相比另外一组使用安慰剂训练疗法的实验人群，他们中大多数人的注意力涣散和冲动指数都呈现出一个明显的下降趋势。此外，他们还呈现出了更低的抑郁倾向，在注意力测试中的表现也更为优异。

之前我就已经发现，在摄像师约翰所犯下的诸多失误中，"挑战"起到了一个至关重要的作用，并且通过研究他在 SART 测试中所犯下的错误，我也曾试图在实验室中将这些"挑战"一一记录在案。在进行了一番经年日久的研究后，我现在终于弄明白了它在人脑中的作用机制。于是一个更为宽泛的问题就这样产生了：在哪种情况下，这些挑战能对我们产生积极的作用并帮助我们应对人生逆境，而又是在哪种情况下，会让我们一蹶不振？约翰、莎莉和克里斯汀的故事以及他们所参与的实验，都为我继续寻找这个问题的答案打下了坚实的基础。

黑暗的背面即是光明。如果露丝·霍兰德在 1996 年的那场列车相撞事故中没有去世，我可能永远也不会踏上这条漫长旅途——这条最终让我有了自己的研究发现，这条能帮助莎莉、克里斯汀和约翰以及像他们一样的人增添大脑挑战，即他们脑回路上的弯道的漫长旅途。

作为一名临床心理学家，当我看到自己长年累月的研究确实能产生好的效用时，内心绝对是欢欣愉悦的。但作为一名科学家，在理解了挑战在什么时候、为什么以及怎样塑造我们后，我的内心仍有些不满足。还有就是它会在何时伤害我们？是新西兰的一场地震帮助我解答了这个问题。

第二章

新西兰的一场地震
教我领悟了关于尼采何事

2010 年 9 月 4 日凌晨 4：35 分，当大地开始剧烈颤抖，新西兰克赖斯特彻奇市的市民们纷纷从睡梦中惊醒并拥向空旷的街道。7.1 级的大地震在离人们十公里的地底不断翻滚、咆哮和跳跃着。建筑物纷纷破裂坍塌，电力和水的供应通通中断，所幸无一人因此死亡。但在之后的几周时间里，上百次的余震一次又一次地折磨着这座城市的所有人，大家都时时被迫走出房间拥向街道，时时处于某种心跳加速的状态，并且每个人的瞳孔都因为恐惧而持续扩大着。

在这场地震后，许多人都发现自己在工作或处理日常事务时无法集中精神。他们会忘记约会，记不住自己刚刚与之会面的那个人的名字，对一些像买哪种口味的咖啡这样的小事都拿不定主意，还会感觉自己思绪迟钝、意识模糊。也许压力大的人都会有上述毛病，但对克赖斯特彻奇市的市民来说，就是这场始终萦绕在他们心头的地震阴云把他们变成了这样。

克赖斯特彻奇大学的迪克·赫尔顿和他的同事们注意到了这场灾难后市民们的那些反应，于是迅速组织了克赖斯特彻奇大学的一组学生来进行相关评估。然后就发现有些人一点事也没有，而有些人则会不可抑制地回想他们面对过的危险，脑海中还会时不时闪现出地震时的种种画面。

奇怪的是，赫尔顿还要求他们完成我在剑桥大学时设计出的 SART 测试，就是那个最终用来确诊摄像师约翰的病症的测试。赫尔顿在其中发现了一件非常奇怪的事：在 SART 测试中犯下错误最多的那群学生，就是注意力最为涣散，同时也是受地震阴影折磨最深的那群人。

我对他的研究结果也产生了兴趣。为什么 SART 可以预测到你在地震后会有多么难过、沮丧？最基本的常识给我的答案是，担忧会扰乱人的心神，那你自然就会显得魂不守舍。但我发现，这个解释中存在着一个问题，而灵感就来源于多年前发生在我身上的一件特别尴尬的事情。

当时我还在伦敦读研究生，有人问我是否能帮他做个有关酒后驾驶的电视节目。当时的情况就是我们需要面对电视观众做个实验，通过让志愿者们分别在饮用一定剂量的含酒精饮料之前和之后进行认知测试，来向观众们展示酒精是如何破坏大脑功能的。志愿者们被随机分配到两个小组当中，他们都被告知自己饮用的是含酒精的饮料，但事实上，有一组人饮用的其实是一种带有酒精味道的安慰剂，而他们对此并不知情。相比饮用安慰剂的那组人，摄入了真正的酒精的这组人在测试中应该会犯下更多的错误，大脑反应也会更为缓慢。我们自信地预测着这个结果。

正如计划的那样，我们要安排实验者们在镜头前完成这个实验，这个节目在录制好之后不久便会播出。在这两组人分别喝下含酒精的饮料或安慰剂之前，两组人在认知测试中的表现都挺不错的。而且，可以肯定的是，在饮用了我们准备好的饮料后，在第二轮测试中，一定会有一组人的表现优于另一组。导演向我们竖起了大拇指。这个节目的准备时间有些紧张，制作经费也非常有限，很显然，他有些担心我们可能无法找出两组之间的区别。

除非……饮用了安慰剂的那组会表现得更好些。

然而令我们措手不及的是，我们发现饮用了安慰剂的那组表现得很差劲不说，饮用酒精的那组的表现居然没有变化。当我们开始小心翼翼地重新对这个结果进行分析的时候，制片人焦急的目光简直使我们如芒在背，但是，我们没有看错，他们的表现与我们之前的预测是截然相反的。对电视观众来说这样的结果其实等于没有区别。我猜节目导演和他的团队会对这个完全相反的结果进行一番解释说明，或者干脆不播出。但是完全没有——后来我发现他们还是播出了这个节目，并在节目里公布了真实的实验数据，就像他们对饮酒的那组一定会表现不佳的预测完全得到了应验那样，可是根本没有人注意到！

事后我们溜去了酒吧散心。我们都明确地知道酒精会让人精神涣散、意识模糊，并会引发更多的事故，但为什么饮用了酒精的那组人会在反应期间一点变化也没有呢？当我们一边喝着啤酒一边舔舐着前面那场科学战斗给我们遗留下的伤口的时候，这个问题突然在我脑海中冒了出来。我怎么能忘记心理学上那个最为著名的实验呢？

压力是把双刃剑

1908 年，哈佛大学的心理学家罗伯特·耶克斯和约翰·多德森共同研究发现了日后为人所周知的"耶克斯—多德森觉醒法则"。"觉醒"这个词通常用来形容心理学中正常背景下的活力水平。我们往往喜欢把它与性联系在一起，高觉醒状态意味着与性相关的一些腺体、激素以及器官的活力的增加。但觉醒在心理学上有着更为广泛的意义，而且大体上与我在上一章节内提到的"警觉"紧密相关，反过来，它与化学信息素去甲肾上腺素以及放大的瞳孔、微微冒汗的皮肤、加速的心跳都密切相关。

我们的觉醒水平日日夜夜都处于波动状态，它的低点往往是在凌晨前，而高点则往往是在上午。耶克斯和多德森发现，如果能将觉醒水平提高到某个既定数值的话，人的表现通常都会变得更好。但如果将觉醒水平再往上提高到顶点的话，那势必会迎来暴跌，你的表现也将骤然下降。这就是经典的耶克斯—多德森"倒 U 形"觉醒曲线。

真叫人豁然开朗啊！对发生在电视摄影棚里的实验志愿者们身上的事，我们觉得这可能就是其科学原理所在了。在电视摄像棚这么一个不太熟悉的环境气氛里，面对着观众以及明亮的灯光和数个摄像机来完成实验是件颇有压力的事。这种压力会提高所有志愿者的觉醒水平，相反，饮用了安慰剂的那组人被推向了耶克斯—多德森曲线的另一侧，已经到了高处的话，接下来的表现自然会下跌，从而显得他们的表现更为糟糕。

酒精会让我们变得冷静，所以饮用了酒精的这组人的觉醒水平也会随之降低，之后他们的表现反而会升至耶克斯—多德森曲线的顶端。这就很好地解释了那个令我们窘迫不已的电视实验结果——太多的压力会将饮用了安慰剂的那组人的表现带到超越耶克斯—多德森曲线顶端的另一侧，而饮用酒精则一定程度上可以中和一些压力，反而会把这组人从曲线下降的趋势中解救出来。

对于将会在新西兰发生的一系列耐人寻味的趣事，上面的事算得上是第一个暗示。如果耶克斯—多德森"倒 U 形"觉醒曲线与压力的关系能像解释电视实验一样解释发生在新西兰的事的话，那么因为地震而被推上这个"压力曲线"顶点的人实在应该在 SART 测试中表现得更为优异才对。然而事实却并非如此。是不是要通过一些研究来证实这个想法呢？实际上，我已经有了研究成果。

2008 年，芝加哥大学的西恩·贝洛克让她的学生们做了一套数学题，然后选出了一组数学水平相当不错的学生作为实验样本。她将这组学生对自己数学水平的焦虑程度进行了一番评估，然后就发现他们当中一些人对自己的数学水平极为焦虑不安，尽管事实上他们的水平非常高。

想象一下，如果有人要求你在一位观众面前完成一套心算题，那么大多数人一定会感觉压力很大。贝洛克就要求她的学生们这样做了，她要观察的并不仅仅是这些孩子对题目的完成情况，她还要在考试之前和之后对学生们的应激激素皮质醇的水平进行测量。

毫无疑问，无论是"有数学焦虑"组还是"无数学焦虑"组，这些学生的皮质醇水平都会有上升——在公众场合进行表现就是会让人产生压力。但这只是唯一的一个相似之处。

在"有数学焦虑"组中，压力越大的学生，完成题目的情况也越差。无怪乎我们总是会看到一些平时非常聪明的学生，在考试有压力时，往往就会考不出好成绩。压力会扰乱我们的精神？真是这样的吗？

事实上，不是这样的——至少不会"总是如此"。

你得记清楚，相比"有数学焦虑"组的同学，"无数学焦虑"组的同学的数学水平并没有高出多少，而在这组同学身上，也有一件不同寻常的事发生了：他们大脑中分泌应激激素皮质醇的水平越高，完成题目的情况也越好。

所有杀不死我的东西不光会让我变得更强大，甚至还会让我变得更优秀。但这话并非对每个人都奏效：如果你对自己的能力存在焦虑和怀疑的话，它就会起到反作用，让你的表现变得更差劲。而如果你对自己的能力有足够自信，压力就能大幅提高你的表现——在这种情况下，压力越大，表现越好。换句话说，压力能将这类人带到一个最佳的表现区域。

这就是耶克斯—多德森理论在起作用，一百年后，在二十一世纪的教室里，它向我们揭示了压力这把双刃剑的作用。皮质醇——经典的应激激素——相比"无数学焦虑"组的同学，它对"有数学焦虑"组的同学会起到反作用：越大的压力意味着越差劲的表现，而前面那组同学是压力越大，表现越优异——尽管实际上他们的数学水平不分伯仲。换句话说，压力会把焦虑者直接带到能力顶点，而非焦虑者则能始终处于上升水平。

我已经发现了压力是把双刃剑——它既可以打扰和抑制你的能力发挥，也可以助你提升能力，让你的表现近乎完美，正如一条又长又笔直的道路上的弯道那样。但对大多数演员和运动员来说，他们早已洞悉这点：如果在表演或比赛开始前，他们无法感到焦虑临界点的话，那么他们就无法发挥出自己的最佳水平。高尔夫名将泰格·伍兹就深知这一点，他曾说过："当我无法感受到紧张的时候，恐怕就是我退赛的时候了……那种心绪涌动的感觉，才是最为美妙的时刻。"

所以可能新西兰那批深受地震压力影响的学生没有在 SART 测试中犯下更多错误的原因仅仅在于他们的焦虑感被分散了。对有些学生来说，这绝对是因素之一，但耶克斯和多德森告诉我们，他们当中的这部分人确实具备着更强的抗压能力。然而实验结果并不能显示出这点。那么还有什么能够解释情绪困扰和专注力这两者之间的关系呢？

几千条短信帮助我解答了这个问题。

心不在焉会让人不开心

手机里响起了一声短信提示，打开一看，屏幕上出现了这样一个问题：现在你感觉如何？你要从 0（非常不好）到 100（非常好）里选出一个对应的数字作为回答。

接着出现了另一个问题：现在你正在干什么？你得把文字部分往下拉，然后从几个选项里选出你的答案。

然后屏幕上就出现了最后一个问题：除了你手头上正在做的事，你还会思考其他的事吗？往下拉就能看到四个答案选项：完全不会；会——一些开心的事；会——一些不痛不痒的事；会——一些不开心的事。

超过两千人都报名参加了哈佛大学的马修·基林斯沃斯和丹·吉尔伯特的这项短信实验，这些人随时都会收到他们发送的上述短信，通常一天之内可能会收到三次，并且会持续好几周。

人们经常会走神：收到了回复短信的提示音后，打开一看，这 2000 种想法向我们展示出一幅非常有趣的画面：近乎一半的时候，他们都处于走神状态。同时，我们还能看到另一个让人讶异的事实：不管他们是在家里做着清理浴室这样的琐事，还是在洒满阳光的游艇甲板上品尝红酒，大家的思想都会漫游到另一些好的、坏的或是不好不坏的事情上去。

不仅如此，心不在焉的人总是不如一心专注做事的人快乐——即便你专注在做的那件事非常沉闷无聊！你肯定会想：啊，但我现在正坐在游艇上呢，我还在喝着手中的曼哈顿酒，成群的海豚就在游艇的白色外壳边游泳嬉戏，怎么这如同白日梦一般的场景都不能让我感觉快乐呢？

就是不能。相比起集中精神擦洗厕所，美妙的白日梦并不会让你感觉更快乐。

为什么会这样呢？心不在焉会让人没那么快乐？或者说，当你心情低落时，心绪便会四下飘飞无法集中？到底哪个在先呢，是心不在焉这只鸡，还是情绪这个鸡蛋？

答案是什么？当然是鸡！研究人员曾在几周的时间内，以天数和小时为单位，跟踪记录过人们的心情，最终发现了思绪的变化和情绪的变化到底哪个在先。不管是在洒满阳光的游艇上，还是在阴云密布的游艇上，如果你任由自己胡思乱想，你的心情就会更不开心。

所以，那些在 SART 测试中表现不佳的克赖斯特彻奇大学的学生深感压力的原因就在于他们对地震的担忧有些过分夸张、过分发散了？这样的猜测是有意义的，因为在过去的十年里，就在我搬到都柏林的时候，全世界的实验室都开始使用 SART 测试来对人们心不在焉的程度进行测量。

有一篇来自北卡罗来纳的研究报告引起了我的注意。他们为 72 个成年人安排了 SART 测试后，让他们在接下来几周的时间里，使用与哈佛学者相似的那套方法，一天 8 次记录下自己的心情、想法以及心不在焉时的状态。正如我曾对克赖斯特彻奇大学的学生们所预言的那样，这一批在 SART 测试中表现不佳的测试者，在测试之后几周的正常生活中，更倾向于表现得像个思维容易分散的人。而且，在针对这些爱做白日梦的人的研究中我们还发现，他们在神游天外时，相比一些令人愉悦的想法，他们想得更多的都是些杞人忧天的事，当他们想要着手去做些什么事的时候，产生这类念头的倾向尤甚。

所以在新西兰的实验中，并非地震后产生的心理压力让一些人在 SART 测试中表现拙劣，而应该说，不管存不存在所谓的压力，具备心不在焉倾向的人在 SART 测试中都会表现得比其他人更差一些。正是由于无法保持精神的高度集中，才会造成他们在 SART 测试中的低分表现，才会暴露出他们在地震后脆弱不已的抗压能力。

精神不集中或是心不在焉，就是会让人不开心。如果你能专注于自己的日常工作任务，面对选择时能够少做白日梦，那么同样作为一个爱走神的人，相比那些地震受害者，你一定能够更好地处理自己的各类压力问题。

良好的应变能力，同样也需要专注力。在日常生活中，如果你能时时刻刻集中精神去完成自己手头上的事，你就能节约精力，避免背负额外的压力，处事能力也会得到提升。

不过，还有个问题困扰着我——为什么我们的大脑总爱不由自主地去想一些不好的事呢？

为什么我们的大脑总爱冒出不开心的想法？

为什么我总是很难去想象一些美好、幸福的事呢？这个问题让我想起了西蒙。他还是我在二十世纪七十年代末期在伦敦接待过的一个病人。

西蒙四十多岁，是国家行业协会的一名高级官员。当时他正处于自己的事业巅峰，我们时不时就能在电视上看到他，政府会找他做咨询，身边同事也对他尊敬不已。他婚姻幸福，有三个孩子，他的人生看上去没有任何明显问题。

唯独——

他的家庭医生找到了我，因为在过去的六个月中，他一直承受着强烈的焦虑和情绪低落的痛苦。当我第一次跟他见面时，他眼睛四周的黑眼圈就证实了家庭医生的说法，他一定是失眠很长一段时间了。那时还是 1978 年，所以他还没能拿到抗抑郁的处方药。如果是现在，他应该马上就能被给药。

在六个月之前，西蒙的生活堪称完美，直到一个大问题出现——一种对公众演讲的恐惧。在一场全国性大型会议的会场上，当他讲到一个平台地址的时候，突然就大脑抽风般语无伦次了，于是只好提前草草结束讲话，这一切发生的时候，他的脸涨得通红，他感觉自己在与会人员面前真是丢尽了脸。六个月后，他还要在同一个年度会议上做发言，只要想到这个，他就会产生非常严重的挫败感，焦虑不已。

某种类型的严重焦虑会让你变得非常自我中心，特别是当你害怕人们从坏的方面想象你，或者嘲笑你的时候。这种恐惧会将你牢牢困在一个世界是以我为中心的错误观点中，你可能会感觉所有人都在观察你，所有人的眼光都在关注你的身体发肤，聆听你发出的每个音符或者注视你每个手足无措的行为动作。

你个人的内在心理状态会一直放大到某个点，在这个点上，你会感觉所有人都一定能听到你扑通扑通的心跳声，正如它此刻已充斥着你的耳膜那样。在这种高度警惕的状态下，你能扫视到其他人的反对、蔑视或是失望。如果你能用足够长的时间来注视某张脸的话，你就能在对方脸上看到那种表情，尽管在现实中，你盯着的那个人其实只是胃痉挛了一下而已。

你的注意力系统开始主观地锁定这些消极的想法和看法，于是，它们会理所当然地让焦虑感在你心中生根发芽，最终它们就会爆发出来，让你在行动、语言上更加手足无措，让你满脸都是掩饰不住的慌张。

这一切都应归结于你将注意力放在哪里。

当时我刚开始学习认知疗法（CBT）。在认知疗法中，人们的思想和信念会引起他们的情绪变化。如果你像西蒙那样，相信其他人都在嘲笑你，认为你无能，这种令人难以想象的压力就会引发你产生巨大的焦虑。认知疗法的关键一步就是要求人们去找到自己所信仰之观念的证据所在，而这就是我对西蒙所实施的治疗方法。

"你觉得在大会上发生了什么呢？"

"我大脑一片空白……真是太可怕了，太尴尬了，就在国家首脑和我所有同事面前——真是太丢脸了，简直是个灾难性的时刻……"

"那么事实上呢，到底发生了什么？"

"我刚才不是已经说了吗，我就是大脑一片空白——开始是结巴，然后突然心跳加速，浑身冒汗，我的脚也酸软无力，简直就像块果冻那样，可是我还必须得站在台上继续讲话，坚持不让自己倒下。"

"当时你是刚开始做演讲吗？"

"不，不是的，我已经顺利讲完了一半……我也不知道自己怎么突然就那样了。"

"所以你想要说的已经讲完了大半？"

"嗯，是的，我觉得是，但我又觉得……我应该是失败了吧——真是太可怕了！"

"那么观众们看到的又是怎样的情景呢？"

"这样问是什么意思？"

"想象一下，如果你坐在观众席中，正看着台上的你，你觉得你看到的情景是怎样的？"

"一个话都说不清的口吃的傻瓜，一个因为恐慌而差点站也站不稳的人吧。"他低声地喃喃自语道，语气很凄凉。

"但他们会看到有什么特殊情况发生吗？"

"我不知道……他们应该会看到我突然停止演讲了。"

"一言不发吗？"

"不，也不完全是一句话都不说，我语无伦次地继续讲了一点。"

"那他们还会注意到什么呢？"

"我当时处于那种状态……"

"哪种状态呢？"

"我当时都快背过气去了，我觉得自己的心脏病都差不多要发作了！"

"但他们看到了什么呢？"

"我不知道……他们可能看到我并没有……我当时看上去很正常。"

"他们看不到你的心跳……或是你出汗的手掌……也不知道你感觉自己要晕过去了，对吗？"

"是的，我觉得他们应该都看不到……但他们知道我突然结束演讲了。"

"好的，我想让你在下周之前做些事——我想让你去回忆一下，当时在会议上有几个跟你熟识的人，并且问问他们，让他们诚实地告诉你他们当时到底注意到了什么，而且你得保证在此之前，你从来没有跟他们进行过这种讨论。"

"我完全没有跟任何人说过。"

"好的。那么请问你计划去问谁呢？"

经过短暂思考之后，尽管有些扭捏，但他还是报出了几个同事的姓名，这一轮的心理咨询就此结束。而在下周见面时，他带给我的消息就是在四个接受了他的询问的同事当中，只有两个同事称他们注意到了他的演讲与平时有些不同。其中一个人在想他可能是有些头晕，而另一个人想的则是他可能身体不适，所以才提前结束了演讲。四个人中，没有一个人注意到他其实是焦虑症发作。

我引导着西蒙走出了他那种自我中心又狭隘的恐惧心理的围城，强迫他用另一种不同的视角去观察他在那次会议上的演讲。我帮助他改变了自己的注意力着力点，让他不再仅仅关注着自己那满怀焦虑的内心世界，而是将他带到了另一个更为现实也截然不同的——新世界。

"西蒙，你得记住，大多数人会花最多的时间来思考自身。他们根本没有心思去观察身边所有人，并且通过别人的表情来琢磨对方的大脑正在想些什么。"有一天，我曾这样对他说。

但西蒙是个完美主义者，一直以来，他的生活中只有成功，没有失败。他的焦虑感虽然已经解除了一部分，但他身上仍然存在着一些问题。对他来说，这次被搞砸了的演讲已经成了他的一个耻辱，成为他的公众及自我形象上的一个污点。现在他的工作，其实还有他的家庭生活，都在饱受折磨，而他的差劲表现都是由焦虑而起。而且这些挫败感会引发他更大程度上的焦虑。

这是种恶性循环，它会将你内心焦虑的星星之火变成情感上的燎原大火，并最终把你烧成灰烬。这就是发生在露西身上的事的原理所在——只是一个相对较小的挫折，一次失败的考试就导致了她的焦虑，而同理，西蒙的演说挫折，理论上与露西也并无二致。

这种恶性循环的根源就是——注意力。

当我们焦虑的时候，我们的思想就好比一颗正监视着威胁来袭的导弹防御系统。又因为我们周围的事实在太多，所以这种防御系统就会一直保持在某种足够敏感的程度上，不管这份威胁多么微不足道，它总能侦察到一些潜在威胁。

它还会扭曲我们的记忆。在焦虑的情绪中，让人烦忧的记忆相比欢乐、自信的记忆更容易在大脑中显现。因为一个偏向焦虑、自我中心的内心世界总是更乐意接纳不断提升的焦虑信号（那个人在……笑话我吗？）、想法（我可能会晕倒……）和记忆（当我大脑一片空白时的那种恐惧感），所以将我们的注意力集中到积极的思想、信号和记忆中就会越来越艰难。

最终我发现，西蒙不仅有公共演讲恐惧症，他还有失败恐惧症。他的注意力会瞬间转移到即将到来的那场会议的日程提醒或者他在演讲结束后会被要求列出的任何一个建议上。此外，每天正常的一些小失误也会成为他体内那套反导注意力系统需要锁定的威胁物目标。然后我就想起了一个与注意力密切相关的关键事实：你越注视，目标物就显得越大。

注意力，从字面上看，它几乎就是你内心想法的放大镜。抑郁会让你想起不开心的事情，注意力还会将它们无限放大。西蒙所关注的一些琐碎的小失误，逐渐就会被"滚雪球"般放大成他所认定的大失败，最终就在那场公开演讲的耻辱感中被暴露了出来。

他那种扭曲的注意力甚至会蔓延到与自己家人和同事的关系当中去。当他处于焦虑状态的时候，这种扭曲的注意力就会深深嵌在一些琐碎的评论和表情当中。而在他心理状态正常的时候，他绝对不会留意到那些细碎杂事。他也绝不会用现在这样的方式对上述情况做任何解释——因为在那种状态下，他会将此视为自己的同事甚至妻子已认定自己是个失败者的信号。这一切都会让他内心分裂，自然而然地，他的焦虑程度也会越来越严重。从而在面对已经深深扎根于他脑海的"我是个失败者"的信息时，他就更难为自己扭曲的注意力找到出口了。

但是，西蒙是幸运的，他并非一个无法集中精神的人，他具备着将自己的注意力集中到自己手头正在做的事情上的超凡能力：他绝不是一个资质普通的心不在焉者，他能够专注于去完成我给他设置的任务，并且不会因为内心的焦虑而分心。

通过逐渐让西蒙为演讲做各种准备的方式，我们开始进入 CBT 治疗的行为治疗阶段，然后，我会让他在越来越正式的场合向我做一些简要发言。对于场面逐渐变大的演讲，我会要求他在心里进行彩排，每天还要在家里进行多次练习。在我们的最终测试中，他必须在演讲厅中对我以及我为了完成治疗目的而招募到的三个学生进行演讲。这时，在这样的场合中，他的恐惧感已经减退了不少，而他最终也顺利完成了那次演讲，虽然据他说，在演讲过程中他还是切身感受到了某些被自己视为"危机"的时刻。

但我还需要进一步帮助解决他的失败恐惧症。一开始，我教他一旦发现自己的注意力开始转向他所认为的"失败"记忆的时候，就赶紧动笔做好记录。这样他就能学会将自己的注意力重新转到他身上那些证据确凿的"成功"事例上来，事实上他本来就很成功。西蒙并没有花太长时间就能捕捉到那场令他失去自信的会议演讲的闪念，而且在刚开始的时候，要把它换成他人生中其他成功经历的记忆，对他来说还有些困难。他还要学会留意身边人的积极反应，学会忽视那些微小的、模棱两可的、曾被他视为反对标志的反应。

一旦他学会了把注意力从与失败有关的信息和回忆中扭转过来——更有进步的是，他甚至一开始就并不会联想到那些负面的东西——他的情绪便得到了改善，焦虑程度也有所下降。这种扭转还能让他大脑中充斥着积极的记忆，不再需要时时与忧虑心理进行对抗。

而且西蒙的专注力很棒。一旦他学会了更好地控制住自己的情绪，失败和焦虑的想法便再难以进入他的意识。当然，这些想法也会时不时发起入侵行动，但每当那时，他就能把注意力重新转到他成功人生的积极面上去，这样他便能轻松反击成功，绝不会像以前那样沦陷。

换句话说，如果西蒙是个容易走神的人的话，那么想要阻断他随意漫游的思绪恐怕就是件难事了。而且，前面我就说过，如果一个人总爱走神的话，那么他最终就会陷入焦虑和消极思想中去。在克赖斯特彻奇市的地震之后，相比遭受了同样危险的市民，专注力更逊的市民越爱走神，对地震的担忧也越强烈。

我还想起了自身的一段经历，它在直觉上让我觉得至少还有这件事能与经历地震的效果相当，那就是关于长哨礼的阴影。

长哨礼就是指在船上或其他地方迎接重要客人的时候，由一群水手各自吹起水手长的长哨把旗帜"升起"或"降落"的仪式。如果用四个手指以正确的姿势围在长哨末端的小圆孔上，这种四英寸长的乐器就能发出激昂高亢的声响。如果手指的姿势不对，那么高亢的单音哨声就会变成不成调的混合尖叫。

更糟糕的是，这种可怕的发明不仅能发出一个音符，还能发出另一个——第一个前面已经介绍过，是尖锐的高音，而这第二个音符，则是低音，稍微变换一下围在小圆孔上的手指的姿势就能发出这种低音。如果说第一个音符吹错了就会给你带来痛苦的泪水的话，那么误发出第二个音符的话——它比普通哨音更刺耳——带给你的可能就是听众们歇斯底里的大笑了。

但我们并不会这样。作为一批已经十三岁的男孩，一群性格坚毅的水手，我们是第二十九届格拉斯哥海军童子军的长哨礼水手。而我则是新任职的长哨礼队长——这意味着高度的责任感和荣誉感。在每个周五晚上的集会开始，我们要用长哨礼升起旗帜，集会结束时我们则需要用长哨礼将旗帜降下。

也许你会想，这还不简单？可以确定的是，我们的礼仪队中有个别人可能会偶尔吹错，但因为它会被团队中别人的哨声掩盖，所以问题也不大。但也有难的时候啊！比如我——长哨礼礼仪队的队长，在旗帜升起或者降落之后，我需要在这个公开仪式中发出两种音符的哨音宣布队伍"解散"。

在正式履行我的这一高职之前，我已经为此练习过很多次，而且也吹奏得很完美——两个音符，都是八度的音阶，纯净得如同画眉鸟的叫声。但当我第一次用哨音解散队伍的时候，我吹出来的声音却像是有六百双眼睛同时在流泪时发出的呜咽声，而接下来发出的声音也只能被形容成那种带着颤音的放屁声。

在一些不怀好意的同伴发出咯咯的笑声之前，因为震惊，整个童子军集会大厅都沉浸在沉默当中，而这股笑声，也像导火索般把我的失误演变成了一场令人哄堂大笑的闹剧，一些成人童子军甚至都参与其中了。我能明显体会到那种强烈的羞耻感，就是一种强烈的生理感觉——我至今还能体会到那种当六十几个人在嘲笑我时一股热血涌上脸颊和胃绞痛的感觉。

第二天早上我就忘记了这件事，继续着我的青少年生涯。但当我在下一个周五的早晨起床的时候，我就感觉我的胃一直在被什么东西折磨着，接着我就意识到，这一切都源于我对即将到来的周五夜晚的集会表现出的焦虑。在进行升旗仪式的时候，我的心跳得很厉害，大脑中充斥着恐惧感。有六个长哨礼礼仪队的队员在吹哨。然后那种可怕的寂静再度出现了——出现在我极度惶恐的心中，我仿佛看到大厅中每个人都怀着讥讽我的心情等着看我在解散队伍时出丑。我没有让大家失望。当哨声响起，一只叫声清亮的小鸟被蹂躏了一番后就被人撕得粉碎。天啊！大家的嘲笑声真的太大了！

在下一周的周四清晨，当我醒来的时候，我感觉有种严重的焦虑扼住了我的咽喉。在接下来的三十六个小时内，只要一想到自己在即将到来的周五的表现，我就能感觉到某种很复杂的恐慌感。在学校里我一直无法集中精神，因为大脑中一直在反复演奏着那种声音，那种耻辱感也挥之不去。

当然，在焦虑与真实表现当中翩然起舞的，还有一种因为内心过于丰富的想象力而出现的幻觉：走出焦虑，我应该把长哨吹得纯如破晓时分在沙地上散步的鹬鸟。而随着每一周的流逝——我觉得隐藏在这些想法背后的东西就像某种虐待一样，它根本无法将我从焦虑中解救出来——我的焦虑从周二叠加到周三，叠加到周四，再叠加到一整周，我感觉自己已经被牢牢地钉在了焦虑的行刑架上。

想做到专注实在太难了。每当我想要让自己来专心学习一下法语动词或代数时，我的注意力就会转到对周五夜晚表演的巨大恐慌中去。而且我根本无法把这种想法排挤出我的大脑：焦虑实在是一种真实又让人恐惧的体验——它敏感又稍纵即逝，它会刺激我们从险境中逃离，但我们想象力丰富的大脑又会通过不断地回放和对"危险"的预期把它转变为一种待机时间超长的精神折磨。

我也不知道这种情况持续了多久。我只记得长达几个月的强烈压迫感。可能是因为后面暑假来临，所以我也不再需要去做那件事。但不管怎样，一旦我不再需要在周五晚上去吹哨了，我的焦虑也就蒸发得一干二净了。这就好像是突然有个人给了我一颗神奇药丸那样，它排遣掉了我的压力，并且那种让我坐卧不宁的焦虑也已全然消失。

你可能会想，一件微不足道的小事怎么会引起这么严重的焦虑呢？几乎只有"能杀死我的事"才能给尼采留下印象呀！恰恰相反——我的反应不属于任何一种客观的压力来源。我身上逐渐"孵化"出的焦虑将我推到了耶克斯—多德森曲线的另一侧，所以我才会无可避免地在周五晚上吹出那种可怕的声音，每周一次地体验到那种耻辱感。

我已经研究出了这种"孵化"产生的原因：在某种令人产生压力的事件发生之后——不管它是个产生了失误的公开演讲，一次惨淡收尾的长哨礼，还是一场地震——我们体内进行威胁检测的"导弹防御系统"就会进入超警戒状态，去努力搜索更多的潜在威胁。而如果我们的头脑无法专注且时不时会走神的话，这个系统就会立即去往危险点，增强我们的焦虑感和压力。这种恶性循环发生在了我的客户西蒙和感觉自己是个失败的长哨礼礼仪队队长的我身上。我还确信，在那些地震受害者身上也是如此。

但还有个谜题没有解开：我的持续注意力是相当不错的。尽管当时还只是个少年，但我已经能够很好地集中精神，也绝非一个爱走神的人。然而在海军童子军里饱受压力折磨的那几个月，我的思想却不仅仅是会走神而已——每当我的注意力稍有偏移，思维就会情不自禁地像灰狗一样急速狂奔，奔向那段让我有耻辱感的不良回忆中去。但如果注意力会保护着你不去分心思考偏消极的想法，而我又具备出众的注意力的话，那为什么我还会时常受到那段不堪回首的记忆的折磨呢？

然后我就发现了问题的答案。我明白了是什么让我被这段记忆折磨得无法自拔。我知道内心中那些让我感觉极度厌恶的、扰得我心神不宁的、会引发我的恐慌的思想的核心是什么了。它就是——我自己。

一天中的大多数时候，我们的专注力都放在外部——在其他的人、事、行为、未来计划等东西上。但有时我们也会转而关注内部，也就是我们自身。"自我意识"这个词对社会来说，有着稍嫌尴尬的消极意义，但我们也同样能用积极的方式来认识自我，比如当你留意到你给别人留下了一个挺不错的印象的时候。就拿西蒙来举例吧，他就是自我意识过了头，总觉得别人能够洞悉他内心深处的焦虑感。因为他的注意力大部分时间都在关注"内部"，这就让他没办法去注意"外部"，而外面那些让我们分心的人的心理状态又是怎样的呢？他们当中大多数人根本就不会在意你。

我们只会下意识地留意某些自己也可能会参与其中的事。比如就在一秒钟前，你可能不会注意到你正坐着的这把椅子会对你的小腿产生多大的压力，但是现在，我提到了这件事，那么你就会突然留意到。再比如，几分钟前，你一定对街道上嘈杂的车来车往没有意识，而现在你就会侧耳倾听，原因很简单，因为我提到了它。

自我，在有些时候，它或多或少也属于某种你留意或没留意到的"其他东西"。难道不是吗？事实上我发现，自我绝对是种很特别的"东西"，相比其他东西，它能最大限度地吸引到你的注意力。我就是从自己在青少年时代的那件事上发现这个规律的。我的焦虑几乎全部围绕着自己以及在其他人眼中的我的羞耻感。

站在长哨礼礼仪队的最前方并走向旗杆的那二十英尺是自我意识中最折磨人的一段路。在那段路上，平时我一定不会注意到的全身各种知觉——我的脚踏在船甲板上的声音，双臂的自然摆动，汗湿的手中握着的长哨，来自颈部后方的紧张感，我急促的呼吸和心跳——吸引了我全部的注意力。然后呢，在我嘎嘎乱响的哨声之后，我唯一能感觉到的只有同伴们的嘲笑声和我迅速涨红的脸庞。

众所周知，青春期的孩子的自我意识最为强烈，大脑成像技术已经证明了这一点。当你把注意力放在外部世界的时候，你的大脑的外侧会显示出最强烈的活跃性，但当你把注意力转向内部世界，转向你自身，你的回忆、计划、想法和恐惧时，你大脑的两个半球的内侧则会显示出最强烈的活跃性：当你想到了你自己的时候，你也真正"走入了自己的内心"。

如果你在对一些青少年的大脑进行扫描时，告诉他们说有另一个同性别的同龄人正在看着他们，那么相比儿童和成年人，青少年人群大脑额叶的内部中间部位的活跃性就会显得特别强烈。这种对自我的关注会挤占人对外部世界的关注，这也是青少年通常会显得更为笨拙和尴尬的原因——当然对西蒙和露西这样的成年人来说还得加上一点焦虑。

所以想要满血复活的话，光有一份好的注意力是远远不够的。为了在这段艰难的时光里让自己变得更强大，你有时还需要去关注一下自身，这就包括你要为自己做一些维护工作，关于这点，我还会在第六章里进行详细解说。

我对情绪恢复的理解还是有些心得的：保持关注力，当你坚持到某个点上的时候，你就能从某段让你产生了心理伤痕的糟糕经历中走出来。但我也想到了世界上还有很多具备关注力的人在经历了一些不好的遭遇后，仍然没能变得更强大——比如患上了可怕的精神系统疾病的人。我仍然没有完全破解恢复情绪的秘密，这种失望让我也开始走神了——我的心飘回到1977年，还有一座伦敦著名的美术馆。

第三章

罗丹与守门员

大约在四十年前，1977 年，当我在伦敦的泰特美术馆第一次看到罗丹的雕塑《吻》时，我真希望我可以夸耀自己是第一个注意到这个问题的人。但事实上是我的朋友萨姆，一位艺术爱好者，提醒我注意到了它：真人大小的一对裸体情侣，他们如饥似渴地拥着对方，清冷的大理石都能映射出他们迸发的激情。

"你注意到什么了没有？"他问道。

"嗯，他们很享受吗？"我猜。

我可完全是个艺术的门外汉。他挑了一下自己的眉毛，问道："你看看他们都在转向哪个方向？"

我仔细研究起了这对情侣。

"右边咯，他们都是朝右转的——那又怎样？"

"跟我走。"萨姆有点得意扬扬地说，而我则像个生气的小孩子一样跟在他屁股后面走到了美术馆的另一个展厅。

现在我们站在了一幅铅笔画的前方，又是一幅充满了肉体欲望的名画——画上有两张脸，他们的舌头交缠在一起，好像要把彼此全部吃掉。

"毕加索画的，"他如数家珍般地介绍道，"他画下这幅画的时候已经八十六岁了。你看见没有？"

我注视着毕加索的画里那两张扭曲的人脸，这画的名字也叫《吻》。

"他们都是向右转的，"我笃定地说，"但是，那又怎么样呢？"

"跟我走。"他一边叹气一边道。

现在我已经站到了另一幅名画的前方——看到的还是舌头，还有强烈的性欲——《吻》，这幅是苏格兰画家约翰·贝兰尼的名作。

"好吧，他们也在向右转。但我不能确定这三者是否存在统计学意义。"我咕哝着，试图用科学理论来压制一下这位爱炫耀自己艺术欣赏水平的好友。

但在又过了几个小时并看过几幅艺术名作之后，这位朋友还是把我给说服了。罗伊·利希滕斯坦的《吻》中，男人和女人的头部仍然是向右转的。而由让 – 莱昂·杰罗姆所作的那幅惊世骇俗的《皮格马利翁和伽拉忒亚》中，裸体、半大理石半人的模特儿侧身右转以及画中那踮起右脚从雕塑基座下方向上亲吻她的画家……这类例子实在不胜枚举。

"好吧，"最后我说道，"我真是被你打败了。那么请问你的结论是什么呢？"

"你可是个心理学家呢，"萨姆说道，"应该你告诉我才对，为什么他们的亲吻都是朝向右侧的呢？"

所以他就这样让我走上了一条又长又复杂的科学旅途，我要找到所有这些角色都要向右侧亲吻的原因。而且更让人讶异的是，这件事还帮助我更好地理解了人类怎样在压力下变得更强大。

萨姆成功地勾起了我的研究兴趣，但他并没有完全让我信服。我从来都不信任艺术史学家以及文学学者的这种不留余地且以偏概全的描述能力。科学家们总是倾向于花大量时间来检验自己的理论是否错误，而艺术家们却总是喜欢穷极全力证明自己的理论和观点是正确的。

我能意识到萨姆这言之凿凿的结论中到底缺乏了什么，是证据。诚然，他向我介绍了若干绘画和雕塑作品中的人物都是朝向右侧的，但我不确定在全世界所有描绘亲吻的艺术作品中，这些具备多少代表性。为了证明他的结论是正确的，我需要在全世界所有画廊中随机抽取出一个与吻有关的艺术作品样本，并对画中人物接吻的方向进行统计测试。

但即使我这样做了，而且我的研究结果也能对萨姆的发现提供支持，那么这一切又能证明什么呢？只能说明那些艺术家都喜欢画或者雕刻向右侧亲吻的人而已。对我而言，我顶多也就会思考一下相比向左侧亲吻，普通人是否更喜欢朝向右侧而已。所以我就与我的这位在艺术史博士学位上攻读了七年的好朋友萨姆道别了，之后便离开了伦敦和伦敦的画廊，至于萨姆那个向右侧亲吻的理论，随后不久我便全然忘记。

保罗

我回到了苏格兰的家中，在几年后的 1984 年，我又在爱丁堡阿斯特利·安斯利医院的大脑康复中心成为一名新上任的临床神经心理学家。在我所经手的康复训练过程中，我看到了各种各样的心理和精神问题，从精神分裂症到酒精中毒所造成的抑郁，等等。这类型的病人对一名年轻的心理学家来说确实是种挑战，但老实说，我发现从情感方面治疗阿斯特利·安斯利新入院的病人的病症才是真正困难的事。

一位有着两个孩子的母亲，三十几岁即因症状明显而被确诊帕金森氏病，或者是一位正当盛年的英俊男性，被病情迅速发展的多发性硬化症折磨，或者是一个文学系的学生，因为从阳台上跌落而损伤了大脑，如今每日要纠结于最简单的英文音标——看到这些才真的让人内心异常痛苦。

原因之一就在于，我轻易就能辨认出他们。在命运给予他们沉重打击之前，大部分时候他们都是健康的、正常的、各项功能运转良好的人。但很可能还有个更重要的原因，那就是他们能敏锐地意识到自己的困境并感知身体与心灵的痛苦。他们能清楚地看到自己过去和现在的区别，在他们曾经的生活与现在的困境之间，现实实在令人难以接受。而且，与很多人的心理与精神状态不同，他们——或者我——对病症束手无策，毫无办法。

但在进入这个新的岗位之后，在这些病人当中，我发现还是会有例外。有一类病人能异常平静地面对自己的残疾，他们几乎——但也不完全——能像佛教徒般坦然说服自己努力去学习熟练使用轮椅、穿衣以及安放好自己无力的、瘫痪的左手和腿。

我印象最深的一个就是保罗，他也是我第一个注意到的上述类型的病人，我在参观维多利亚州总医院的大型重症监护病房时认识了他（与本书中提及的所有病人一样，保罗的具体信息及真名已隐去）。当时，我发现这个身形高大强壮、年已七十的病人坐在一辆停靠在他床边的白墙旁的轮椅上。当我走向他的时候，我被他的镇定所吸引，面对病房走廊来来去去的纷乱脚步声，他的头部或者眼睛可以说是纹丝不动，完全没有反应。

即使我已走到他身旁，他仍然一点回应也无。

"保罗？"我问道，几秒钟后，看到他没有回答我，我又大声地叫了一遍他的名字。他这时才慢慢转过头来看向我——好像他的脖子已经僵硬了一般。在他同意坐轮椅驶离那面墙后，我换了一个方向，坐到了他的右手边。

突然保罗就对我有回应了，开始与我对话。他跟我讲了他的孙子，还说自从七年前在公务员岗位上退休后，他还当了一阵木匠。但午餐时间的到来打断了我们的对话，于是我便离开了，我们约好等他吃完我还会再回来。

当我回来的时候，他的餐盘里只剩下了一半食物，右边的那半已经被他吃完了，而左边的却一点也没有动。

"保罗，你不饿了吧？"

"嗯，不饿了，"他回答道，"这里的饭菜挺好吃的，我吃下了很多。"

"但你的盘子——"我有些疑惑地说道。

"吃得一干二净呢！"他一边笑一边低头看着身前的餐盘。

就是这一刻，我决定了自己下一段职业生涯的研究方向。保罗是我见过的第一个患有"单侧空间忽视"病的人，他的这个病与我之前在第一章里提到的克里斯汀的一样，而克里斯汀是很多年之后我到剑桥才碰到的患者。如果大脑的某一部分——通常是右侧——受损的话，它往往就会引发空间忽视这种令人非常惊讶的病症，比如被重击过，就会引起这种病，保罗就属于这种情况。

在接下来的几个月里，我与保罗有着频繁的接触，因为他转院到了我工作的地方。他左侧身体的手臂和腿部的康复进程非常缓慢，而这，据我观察，就是空间忽视患者的典型特征。同时我还发现，当我在与他交谈的时候，他的注意力非常容易转移，这时就会出现与克里斯汀类似的"入睡"现象。可一旦我唤一唤他的名字，他马上又能恢复正常，继续与我友好地交谈，谈兴也很浓。

这个时候离我在第一章里说过的两个同事死于火车事故以及我的"公路弯道"研究还有很久，但毫无疑问，最开始确实是保罗激起了我对注意力转移与思维涣散的兴趣。

尽管我与保罗的关系非常亲切友好，但他身上仍然有些事让我无法捉摸。这不光是因为在交谈过程中他老是会走神，还因为他的行为举止中总让我觉得少了些什么自己形容不来的东西。那个东西一直在困扰着我。

肯·海尔曼微笑着看着我走下出租车，步入洒满阳光的佛罗里达州盖恩斯维尔大学的校园。作为一位世界一流的神经心理学家，通过对大脑受损病人的细致研究，这位温和亲切的男士已经成为推动大脑研究领域向纵深发展的关键人物之一。

我受邀来到他的学院做一场演讲，之前我在跟他聊天的时候，他提到了自己的一篇发表于数年前的、我并未看过的论文。就在他言及那篇论文的那一刻，我的大脑灵光一现——突然之间我就明白保罗身上那个困扰我的东西是什么了!

当你打开一本杂志，看到了一张令你极度震惊的展现残疾躯体的图片，或者是一张非常性感的图片，你双眼内的瞳孔就会放大，皮肤上的汗腺也会稍稍打开——这属于人体觉醒程度在加深的症状——通常来说，耶克斯—多德森觉醒法则是由交感神经这一自主神经系统引起的。如果你碰到了一个滚烫的火炉或是被一根针刺破了手指，也会引起类似的身体反应——疼痛的触觉开关也受同一个神经系统的掌管，它能让你变得超级清醒。

肯对空间忽视疾病的患者有着非常丰富的诊疗经验，他对造成患者能清楚地将空间分离的原因有个大胆猜测。为了验证自己的猜测，他设计了一个测试，即向病人们展示一些能引发情感共鸣的、能抓住病人眼球的诸如肢体残疾或是性暗示意味浓烈的照片。当他向健康人展示这些照片的时候，他们的皮肤触觉会对这种能引发强烈情感反应的图片产生反应，对情感中立的图片则毫无反应。

但像保罗这种患有忽视症的病人，其反应则截然不同——不管是对情感中立还是情感表达更为强烈的图片，他们的皮肤触觉反应都是一样的：毫无反应。这就是我无法对保罗有个精准定位的原因所在——他与我之间的互动确实有些平淡无奇，缺乏一种情感基调。

诚然，他这个人友好又健谈，但在与他的对话中，你无法被真情实感"打动"。这就让人觉得他对生活有种超脱的、稍显特别的"随意"态度，而我也是到后来，到他去世后才发现的，不过他的妻子倒是很早就看清了一切，所以接受起来也是异常痛苦。

而正是这种情感上的冷漠——这种觉醒意识的缺乏——使得保罗和与他有着相同病症的人相比，我的其他病人会具备更强大的抗压能力，可能在与他们相处的过程中，反而是我不知不觉地暴露出了自己的情感弱点。通过对这类病人的轻微电击测试，肯·海尔曼也确认了这一点。因为对正常人进行这样的测试时，很轻易就能引起他们的警觉，而有空间忽视症的人，却同样毫无反应：生理疼痛感的缺失使他们相应地在情感上显得有些冷漠，所以同理可证，他们对身体或心灵上的严重残缺也一样能做到泰然自若。

所以我飞回到爱丁堡后又联系上了保罗——这时他已经从医院搬回了自己的家里——并用一个便携式的皮肤电导装置对他进行了测试。毫无疑问，在我向他展示了一些含有情感意味的图片后，与他同龄的健康人相比，他对它们完全没有丝毫反应，电脑屏幕上显示的他的皮肤出汗曲线几乎没有一丝提升。

他能看明白这些图片，也会对它们做出相应评价——比如对某张画有一只被切断的手的图片，他会说："哦，天啊，看上去真是很痛。"——但他的语气中几乎不带有情感色彩。这是因为他的大脑并没有触发到那个觉醒反应的开关，反过来，这也是我在去佛罗里达州之前，对保罗身上那种异常淡定的特质无法进行精准判断的原因。

但对他这个病例，我的内心仍然存有困惑之处。这个问题是在一天早上，我去拜访他，发现他在阅读《苏格兰人》报的时候发现的。"你现在视力怎么样啊？"我问他道，因为过去他曾抱怨过自己的眼镜度数是错误的，尽管已经调整了若干次，他还是抱怨自己总也看不清楚。

"很好啊。"他回答。

"能为我读几篇文章吗？"我试探性地问他。

"没问题。"他笑着说，然后就在一个篇幅狭长的专栏里给我读了一篇文章，讲的是日前发生于爱丁堡到格拉斯哥一线的一起列车事故。等他把全文读完后，他抬头并微笑着看我。

"看吧，读报我是一点问题也没有。"

而我看到保罗所做之事时，着实不会太惊讶。这个狭窄的专栏边框顶多三厘米宽，但他阅读的只有专栏的右侧内容，从头读到尾。

"你全部读完了？"我又一次试探性地问道。

"哦，当然。一点问题也没有呢！"

"请别介意啊，我想问问你，它里面讲的是件什么事呢？"

"一起列车事故。"他笑容满面地回答我。

"没别的吗——比如你还记得事故发生在哪里吗？"

"啊，你知道，不过就是在……"他卡壳了。

保罗只读了二百到三百个字典上都能随机查到的单词，因为他读的只是每一行右侧的几个单词而已。但这并不是让我疑惑的问题所在。让我大惑不解的是：他根本就没有意识到自己在读天书！为什么这个智慧通达的老人，这个文化水平高且非常健谈的、训练有素的老工程师，会完全意识不到自己所读的东西一点意义也没有呢？

我发现保罗没有进行检查，所以他也没意识到自己所读的东西前言不搭后语。用专业术语来说，他没有"自我监督"。

"保罗，我现在可以提问你吗，你觉得自己身上最主要的问题是什么呢？"

"我没有什么问题啊——尽管我的左腿有时会不利索，但情况也没那么糟糕。"

"那你的左手怎么样了？"他向下瞥了一眼，蹒跚着靠到椅子边上去，把手臂高举了起来。

"我觉得它有时也有点不利索，但我觉得问题不大。"

"还有其他身体问题吗？"

"没有，我觉得没有了。"

"那你的视力怎么样了？"

"如果换副新眼镜的话，应该没有问题——这副有时戴着会看不清，但现在也还算好用。"

"阅读没有障碍吧？"

"非常好，完全没有问题。"这句跟他在为我"朗读"那篇文章时回答我的话一模一样。

之后很久，在我很多次、很多次的拜访之后，如果我提到了他的空间忽视症，他偶尔也会承认自己有时会错失自己左侧身体范围内的一些东西，但给我的印象却是他可能只是在试图宽慰我，我并不完全相信他的话。

他从不会主动抱怨空间忽视症对他生活造成的不便，而我则清楚地知道，大多数时候他根本就没有意识到这个问题，即使是当他在随机阅读一些想看的文章的时候也是如此。而即使有时他主动提到也注意到了，他谈论起它的方式也显得有些置身事外，就好像是听别人讲到的某件事而不是发生在自己身上的那样。我得出了一个结论，空间忽视并非只是要关注左侧的问题——它还是个意识方面的基本问题。

当时我并没有对保罗的意识问题产生足够的认识，而且我也完全没有想过要将它与自我意识相关的更多想法联系起来，这就是我现在感觉最后悔的事，因为后来我才发现，在加强个人应对压力的能力方面，自我意识是一个极为重要的关键因素。相反，在二十年的时间里，辗转四个城市——罗马、剑桥、都柏林和纽约——之后，我终于找到了自我意识的本质，找到了保罗这样的人怎样以及为什么会出错。当然这是一个非常有趣同时也非常复杂的话题，所以我将会在第六章进行详细分析。

当我在与保罗进行接触的时候，我与那位艺术爱好者好友萨姆已经失去了联系，但我时常会想起他和他那个从右侧接吻的理论。而当我看到保罗无论看书、吃饭以及审视这个世界的时候总是不断地转向自己的右侧的时候，我从来没有想过这个现象有一天也会跟萨姆在泰特美术馆里向我提到的理论有关。

对《吻》的回想

然后，有一天，我坐在都柏林大学圣三一学院一间高级办公室的舒适的绿皮扶手椅上浏览《自然》，一篇文章看得我差点跳了起来。

"太棒了！我的上帝啊！萨姆说的是对的！"我几乎是脱口而出，然后在这个安静的、挂着肖像画的房间里，把纸平铺开来，看它上面的画。

德国波鸿市鲁尔大学的奥努尔·冈特昆，在美国、德国和土耳其的机场、火车站、海滩以及公园等处对124对接吻的恋人进行了观察与研究。正如萨姆从那些艺术作品中所注意到的情况一样，人们从右侧接吻的概率几乎是从左侧接吻概率的两倍。这次真的把我的好奇心给激起来了——为什么呢？

最明显的解释——也是冈特昆所选择的解释——是人们的这种偏好正好反映出一个事实，那就是我们大多数人都是右撇子。左脑会控制着我们的身体做任何事情都偏向右侧，包括接吻。

然而，出于我对罗丹的雕塑作品的认识和了解，我并不完全赞成这种解释，尽管我也说不出更多的所以然来。科学就是这么有趣——有时即使无法充分论证某事，我也会利用直觉来进行判断。比如前面我就说过，可能只是注意到了病人身上的一些特征——就是保罗身上那种奇怪的超脱感——然后我就能把它与自己读过的一篇论文，或者是被某个像肯·海尔曼这样聪明的同行给予的启发联系起来。

普通人觉得无关紧要的个别事件，科学家们更倾向于把它们一一罗列出来，用几年的时间来冥思苦想，反复琢磨，试图让它们变得更有意义。对我来说尤其如此，我总想知道我们如何才能聚精会神地完成一些平淡无聊又常规的行为活动，比如阅读一本无趣的书或者是日复一日地在同一条轨道上驾驶火车，等等。

科学世界中的许多新理论都来源于找到了事物的运转机制，而绝非源于解决了手头上的实际问题。为了更好地理解我们是如何维持专注力的，我不光要研究出专注力的遗传学和生物学联系，找到测量人脑中关键神经传递素活跃性的方法，我还要研究出一些新的方式方法，帮助像克里斯汀、保罗和莎莉这样的人更好地应对自身存在的难题。

因为专注力对我们的心理和情感生活至关重要，所以把专注力的某个小方面研究透彻，就能为我们带来巨大的附加价值。

但直觉终究也只是直觉而已。测试结论真假的唯一方法还是要花时间去收集足够多的数据来进行分析研究，分辨对错。在我的职业生涯中，我估计自己用直觉判断的结论只有三分之一是正确的，而剩下的则都是错误的。想想吧，在进行研究的过程中，一切是多么富有挑战性，又要耗费多少人力，而且很多研究最后都是行不通的，可想而知，在那个时候，你会有多么沮丧无助。但当你最终钻研出了正确的结论，那种兴奋感又是无与伦比的，它能让你忘记自己前进道路上所遭受的所有磨难和阻碍。

所以，在1989年前后，当我在意大利的罗马大学工作的时候，我对罗丹的研究产生了某种直觉，我觉得这可能是我在爱丁堡花了几个月的时间来研究保罗的左手带给我的启发。当时的情况是这样的：保罗因为中风而造成了左侧身体偏瘫。他的行走变得极为困难，并且只有在借助别人帮助的情况下，他才能移动自己的左臂和部分左手，而如果你不主动提的话，他也不会自己这样动。他的左手可以稍微抬起一点，但他同样不会经常这样去做。

对这种主动运动意识缺乏的一般解释是，他们的注意力已经转向了身体右侧，所以他们就不会再关注自己的左侧身体。

但我的直觉就潜伏在这一背景下，而且在德国的一场会议上，我所看到的一些东西把这件事从我的潜意识中提了出来。通常我们都会认为，身体运动会跟随着人的意识走——无论如何，意识都是主宰，不是吗？你去碰那个杯子，是因为你看到了它。但蒙特利尔的同行们却发现，正如注意力会对你要做的事产生影响那样，你要做的事也会影响到你的注意力。

他们对与保罗有着同样病症——空间忽视——的病人们进行了研究，请他们对着屏幕指出目标物。毫无意外，他们都会忽视掉很多左侧的目标物——这时他们使用的是自己的右手。但当他们在用左手来完成同样的研究测试的时候，他们对左侧物品的注意力提高了不少。

我的直觉于是慢慢地从半意识模糊状态的想法转变为一个有意识的假设。保罗无法使用左手点击，但他的左手可以完成稍微移动的动作。是不是这个小小的动作能有助于平衡他的注意力呢？

必须是！当保罗用左手手指迟缓而笨拙地在桌子上上下翻动准备阅读的时候，他能比正常阅读时留意到更多左侧的单词。但如果他把手放到身体的右侧，却没有产生什么特别的阅读效果。所以事实并非移动他的左侧身体就行——他还得在身体左侧周围的空间进行移动才行。

保罗非常乐于配合也很喜欢亲身参与这样的研究，不过直到我们已经收集好了全部的实验数据，他也全然不知道我们到底在测试些什么东西。在很多次这样的实验之后，我终于可以将结果总结如下：当保罗在努力移动他的左手的时候——如果是有人帮他移动的话，那就没有用了——他会对外部世界更为敏感，对左侧世界的忽视症状也会相应减轻一点。

对罗丹的《吻》，我还是不知道确切的原因，也无法做出更多的解释。然后有一天，当我在查阅保罗的诊疗记录本时，有一个东西突然引起了我的注意：几个月前，我在这个记录本上曾写过一个条目。它上面显示保罗有"全面的视野"。这意味着他的视力不存在问题——当他向前看的时候，我把右手手指放在了他左侧视线范围内，他马上就能看到它；放在右侧时，他的表现也一样。

但我还是在保罗的记录本上写下了"左侧视力衰减"：这说明当我同时举起两只手，一只手放在保罗的左侧视线范围内，而另一只手则放在右侧范围内，如果我同时移动的话，他只能看到我右侧的那只手在动。所以，尽管保罗能看到左侧视线范围内的物体，但一旦右侧也有一个移动的物体参与竞争的话，那他就注意不到左侧物体的移动了。

第二天我就赶紧去拜访了保罗，请他帮忙参与测试以验证我的直觉。像之前测试过的那样，如果他缓慢又笨拙地移动自己的左手，他就能更好地感知到左侧的事物。那么当他的左手和右手一起移动的时候，将会发生怎样的状况呢？一切又回到了原点。他的注意力又像以前一样，转回到了右侧：于是我就发现了这种被我命名为"运动肌衰减"的情况———种等同于视力衰减的肌肉活动。

现在，一种关于为什么罗丹的雕像会向右侧亲吻的直觉又在我脑海渐渐成形。

视力衰减就是大脑的两个半球在互相打架的证据。但当其中一个半球受损了——以保罗的中风为例——那么它与另一个半球竞争的能力就会被削弱。

当我在保罗的左侧视线范围内摆动手指的时候，他能看到我的活动，因为在右侧，没有什么物体运动在参与竞争。但当我在他的左侧和右侧同时摆动手指时，健康的大脑左半球能留意到手指的运动，但同时它也抑制了它的竞争对手——大脑右半球留意我左侧手指的移动的能力。

在"抑制"发生作用的时候，对大脑的两个半球来说，它们能始终保持着一种相对稳定的、和平共处又互相制约的关系。但在保罗遭遇中风后，他大脑中的这种制约关系就开始失衡，因为大脑右侧半球的能力被削弱了不少。这时，就是"衰减"状态在发生作用了。但我又有了一个新发现——这种衰减作用对人的行动的影响是可感知的。这一发现让我为空间忽视症的病人们找到了一种新的治疗方法，这一方法帮助了保罗和成百上千的与他症状类似的病人，关于这点，在后面的章节里我还会进行详细的介绍。

罗丹手下向右侧转的雕像与机场里拥抱的恋人们，这二者对自身两个大脑半球间的竞争与抑制关系是否也有相应的处理机制呢？

守门员、快乐的小狗和尼采

足球比赛后的点球大战是件相当劳心费神的事，它们总是倾向于发生在一些大型的、高压的场合，比如总决赛的赛场上。本质上来说，它属于一种思想上的竞赛，足球技能反而扮演着一个戏份较少的角色。它是任何一个专业球员不需要经过任何思想建设就可以做到的事——在三十六英尺的距离之外，把球踢进守门员职守的那个二十四英尺宽的球门里就行了——在关键的决胜局临近结束时，在 60000 名观众的注视下，此举也可谓是点球球员最大的精神折磨。

守门员也有个几乎不可能完成的任务。除非他能读取点球球员的大脑思想，知道对方要往哪个方向开踢，这是一个相当重要的时机，决定着他能否从正确的方向扑到球。而且据统计，在大多数情况下，守门员向右边扑救足球的概率与他向左边扑球的概率是大致相同的。

但也有一种情况例外。

当比赛中的两个队要轮流踢进五个球的时候，在面对最后那个点球时，未能及时扑救到之前进球的那一方的守门员压力巨大。于是人们发现，在这种情况下，当他们被罚点球大战时，守门员有百分之七十的概率会向右侧扑球，而向左侧扑球的概率却只有百分之三十。

守门员内心的巨大压力会让他在扑救后面那个点球时几乎完全丧失信心。荷兰的研究人员发现，守门员的这种反应就证明了相比右侧的大脑半球，左侧大脑半球才是掌管着人类强烈动机的源头所在。他们同时认为，这也是守门员的左侧大脑半球能控制着右侧身体，使他的身体动作偏向于右侧，并在百分之七十的概率内都保持这种倾向的原因所在。

我也意识到了这一点，它与发生在保罗大脑内的情况有着不可思议的相似之处。他健康的左侧脑半球能控制相对较弱的右侧脑半球，同时也总会推动他更倾向于关注右侧物体。

但是为什么行动动机强烈的守门员的左侧大脑会比其另一侧更为活跃呢？我一直无法理解这一问题，直到有一天，很偶然地，我看到了一篇关于狗摇尾巴（我绝对不是在开玩笑）的论文。

它里面讲，如果狗看到了自己的主人，它们不光会冲他猛烈地摇动自己的尾巴，并且相比向左边摇动，它们会向右边摇动得更多。如果给它们看一只猫的话，它们的尾巴就不会摇动得那么热情了，但向右边摇动得仍然会比左边勤。但如果向它们展示一只陌生的同类的话——为示区别，以一只凶猛的雄性比利时马里努阿牧羊犬为例——它们的尾巴不光会明显垂下来，连摇动的方向都会发生改变，此时，它们反而会更偏向于向左侧摇摆而不是右侧。

想要什么东西就往往意味着你会很乐意去接近它。如果我们喜欢什么人的话，我们就会不自觉地向他的方向靠，可能还带着一点轻柔的盼望和吸引力，想要追求那种温情的感觉。如果我们不喜欢或是害怕某件事或某个人的时候，情况就恰恰相反了，那时我们就会全身心地只想着从那件事或是那个人的旁边逃脱开，尽量回避与他们的正面接触。

我们的身体运动反映着我们的精神状态。欲望就是人类基本的精神状态之一，想要得到的东西显示了我们的欲望所在。小狗想要接近自己主人的欲望使它的尾巴更倾向于向右摆动，这是因为你想要得到某样东西的强烈动机主要受大脑左额叶控制，而非右额叶。而且大脑左侧细胞活力增加的副作用之一就是它会对你的身体运动产生影响，让你的动作更偏向右侧，因为左侧大脑管理运动神经的区域同样会比右侧的更具活力。

上述原理对处在高度压力下的守门员同样有效：他极其渴望扑到点球，相比对右侧大脑的影响，这种"欲望"更能激发他左侧大脑的剧烈活动，反过来，这种大脑活动又会相应地控制他的身体活动。所以结果就是他的身体通常都会微微倾向于向右侧倾斜，当他反应到自己要去扑球的时候，他自然也会优先扑向右边而不是左边。

那么，现在，让我们来解读一下罗丹的《吻》吧。在一个充满激情的拥抱里，也许你会想要得到的是性——而这种欲望就会帮助你远远抛开来自右侧大脑的竞争，大幅提升你左侧大脑的活跃程度，造成你的身体向右侧的一个扭转。

大脑的左半球和右半球就像一对总在不断进行和谐友好的调笑与打斗的年轻兄弟那样，它们是一种互为对手和竞争者的关系。但如果你为左边的兄弟设置了一个饱含期待的目标，它就会努力战胜自己右边的兄弟，尽管后者仍然会试图用尽全力来抵抗这种备受折磨的竞争。

在保罗的病例中，右侧大脑的能力偏弱且有伤，所以左侧大脑就当仁不让地起到了支配作用，使他像罗丹的雕塑那样，世界从此只剩下右半边。通过让保罗移动自己的左手，我帮助他稍微修正了一点这种不公平的身体失调现象。但他的情感仍然没有被激发出来——事实上，我之前就已经提到过，他这个人显得非常超脱，这点与罗丹的雕像、重压之下的守门员或是某只快乐的小狗截然不同，他完全不会急切地渴求某个东西。

但对保罗来说，他也不是完全没有自己的坚持：当他坐在轮椅上的时候，左侧的轮椅可能时常会被门框绊住，这时，他就会坚持一直向前费力地推轮椅，绝不会停下来，或者是想一想有什么别的办法可以碾过去。当他在吃东西的时候，也是如此，即使餐盘的右侧已经空无一物了，他也会一直用叉子在上面不停地戳，全然不顾盘里的土豆已经滑到他所忽视的餐盘左侧去了。

这种行为就是专业术语里所说的"执拗"，保罗身上很多的行为表现就体现了这一点。他对自己所追求的目标有种奇怪的坚持，完全不为外界影响，对接收到的反馈毫不在意——这与罗丹那座一心沉浸于自己激情四溢的拥抱中的雕像有些相似。

唯一不同的是，保罗身上完全寻不到他们那样的激情。为什么会这样呢？我记得肯·海尔曼的那些令人难受的照片和他那些患者迟钝的情绪反应，他们麻木、干燥的皮肤上没有出现一星半点代表着"觉醒"的汗液。保罗，与罗丹手下的亲吻者不同，他的觉醒水平也极其低：他的心脏不会像鼓一样激烈跳动，胃部也不会因为欲望而产生收缩反应。保罗所拥有的，不过是对自己内心的任意一项目标淡定的、向右侧偏转的（你知道这意味着什么）、义无反顾又勇往直前的劲头。他的这种淡定与尼采那种战胜困难的巨大决心不同，所以如果要从这个角度去探寻为什么一些遭遇了不幸的人仍然能够直面困境且恢复元气，这对我来说还真是有些困难。在这个问题上，不得不承认，我再一次遭遇了瓶颈。

我一般都喜欢在清晨进行写作，但是有一天，我这样的规律被打乱了，因为我要出去做个演讲。当我沿着圣三一学院典雅精巧的十八世纪广场的其中一边行走的时候，我感觉自己一直在思索的问题已经完全陷入了僵局，接着我就发现自己已经走到了第 39 号新广场的门口。我抬头看了一眼上面挂的牌匾，原来这里曾是诺贝尔奖得主塞缪尔·贝克特的旧居，当年在圣三一学院任教的时候，他曾在这里住过三年。关于我所思考的问题，我是否能在他这儿找到答案呢？

于是我急忙转身走了。在演讲开始前的半个小时里，我正好可以越过这个广场去往伯克利图书馆，我必须马上去那里找到我要找的东西。我要与尼采产生联系。贝克特的那本《无名氏》中的最后一句话：

"你必须坚持下去，我不能再坚持了，我要坚持下去。"

我意识到我已经找到了一部分答案：我发现在逆境中能变得更坚强的人，大部分都具备着这种坚持到底的能力，也就是毅力。他们绝不会像罗丹的雕像那样，对旁人充满欲望；他们也不会像保罗那样，情感淡漠，麻木不仁。他们具备着坚忍不拔的人生品质——对目标他们一往无前，同时又能笑对人生挫折——就是这些，推动着他们向前进。

于是我也发现，尼采所说的是正确的，一个人即使不知道自己正走向哪个方向，也应该始终具备着"坚持到底"的行事立场。它是一个没有具体内容的目标。或者，我们可以更确切地说，这个目标就是"坚持到底"。我意识到了，尼采这句格言用到我们自己身上，意思就是即使不知道接下来将会发生什么，或者说不管你期待的是什么，你都要在让你心生绝望的逆境中坚持到底。

能做到这一点，可能就是人类精神的精髓所在。

我确信尼采所说的这部分精神正在发生作用。想在逆境中变得强大，你就必须贴近生活，要坚持住——即使你毫无激情也得不到半点奖励。你需要学会利用人类大脑非凡的、天马行空的想象力，把自己从客观存在的现实中抽离出来，抽象地贴近生活，而这，指的就是坚持到底的能力。

但要做到坚持，你需要克服……克服什么呢？克服恐惧，我是这样认为的。但你恐惧的是什么呢？又要用到贝克特的书里的台词了，这次是《最糟糕，嗯》

里的那句：

　　"曾经尝试过，失败了。没关系。再尝试。再失败。这次的失败就会好多了。"

　　诚然，对失败的恐惧总是会让我们退缩。而且我在第一时间就意识到，如果罗丹所塑造的那座雕像要表现的是恐惧而不是激情的话，那么他的雕像可能应该就是向左转的了。正如激情所对应的是贴近和奖励，那么我马上就意识到，恐惧所对应的则是逃避和惩罚。

　　这就是小狗看到比利时牧羊犬时会一个劲地向左摇尾巴的原因了：它们是突然从对主人的热切亲近状态转入了对某种威胁的逃避状态。对我们人类而言，失败就是一种犹如比利时牧羊犬般现实的威胁。

　　那么，贝克特的"坚持"就是一种意志力的表现，它像是我们大脑中的贴近系统的一个平衡开关，它又犹如一种意识砝码，帮助大脑的左半球牢牢压制住从右半球中转移过来的大量焦虑。

　　从对保罗和其他病人的研究中，我已经知道了大脑的两个半球是互为竞争对手的，它们彼此都想压制住对方。但我对贝克特和狗尾巴摇动的研究是否已经到位？保罗的问题真的与罗丹、守门员和快乐的小狗之间存在更多关联吗？

　　首先，让看到自己主人的小狗来摇尾巴是件很简单的事——由一直以来的忠诚感创造出的一种强烈情感打开了它的大脑贴近系统的开关。而对守门员来说，有来自60000名粉丝的灼热呼吸和同队队友的焦虑做引子，这些很轻易就能燃起他内心深处要竭尽全力坚持到底的强烈欲望。但如果你身上正好发生了一些不太好的事，如何找到让自己继续扛下去的情感驱动力却是件异常令人纠结的事。至少有一段时间，在你拿出一往无前的坚定决心之前，你一定会消沉失落一阵子的。

　　但保罗是怎样的呢？在我看来，他完全没有表现出要坚持下去的意志力：在他独特的一往无前的执拗中，一定是"缺失"了一点什么。没错，他也会像小狗和守门员那样偏向右方，但他的驱动力既非动物般的热情又非贝克特所说的那种决心。那么，他缺失的到底是什么呢？

有个答案就这样立刻浮上了我的心头：他缺少的是位于那受损的右脑中的"对手"。尽管他的警觉和觉醒水平很低，但保罗的大脑中仍存在着一种自由、不受拘束的贴近模式，因为就回避倾向来说，它很少会受到来自受损的右脑方面的抑制。右额叶控制着我们的警觉和抑制，而左额叶则与有贴近意味的"志在必得"感密切相关。在罗丹的雕像中，正是对性的激情和欲望战胜了与右侧大脑相关的警觉和抑制，它能驱使着雕像偏向右侧转身。在保罗的案例中，正是这种由大脑左半球控制的无拘无束且志在必得的行事倾向，没有受到来自受损的大脑右半球的压制，造成了他的情感淡漠，所以尽管他有时做起事来也会一往无前，会向右侧身，但完全没有感情包含于其中。

但如何把对保罗的治疗经验向更广阔的外部世界推广，也让我非常担忧。我发明了一种简单的装置来帮助空间忽视症病人移动他们的左手，一旦他们在过去的几秒钟内没有挪动自己的左手，这个装置就会发出嘟嘟的提示音。这个装置帮助他们养成了经常移动左手的习惯，反过来，它也能帮助他们加快康复速度。但我仍然不敢确定保罗的问题是否真的与人们如何应对压力相关。而对这个问题，我又花了大约十年的时间来证实它们确实存在关联。

在 2012 年，我完成了一本关于权力以及它如何改变人的著作，我在那本《胜利者效应》中曾写道，即便在回忆某个时期内你的权力稍稍位于他人之上的时候——例如要对他们进行年度评估——你的思想、感觉和行为都会有所改变：比如它会让你变得更加自我中心、不受拘束，当然，还会变得更聪明些。

那么再回忆一下，当你位于他人的权力压制之下时——例如当你要接受他人评估的时候——它同样会改变着你，让你处理问题的能力变弱，对他人的表现更敏感，一般来说，你还会变得更加谨慎小心。

我们的环境，特别是我们与他人的关系，能将我们完全改变——从我们的心理到大脑的化学反应，皆包含其中。无论对男性还是对女性，权力都能帮助提高睾丸素水平，反过来，它也提高了大脑中化学信息素多巴胺的活性，于是它便从化学意义上对我们大脑的变化也产生了影响。

当时，这个对我而言是一个全新的起点，我就此步入了一个名为社会神经科学的全新领域，但事实上我还未曾发表过任何原创的研究结论。而当时令我惊讶的是，我发现在事实上，权力与我对注意力、对我们大脑左右两个半球之间的竞争的研究也是互相关联的。

肯特大学的戴维·威尔金森和他的同事们发现，如果你想要人们感觉自己是较为软弱无能的一方——那你就要让他们向左倾。此举与保罗、守门员以及快乐的小狗的行为模式恰恰相反。而且，这就是机警的小狗在面对比利时牧羊犬时摇动尾巴的方向。

威尔金森发现，如果你让某个人先来回忆一下自己在过去某个真实存在的场景中怎样受制于人且力不从心，再让那个人端着一个装满了东西的盘子通过一条很狭窄的走廊的话，那么她可能就不太会留意到右边的路，于是，她碰到右侧墙壁的概率也会远超过左边的。回忆过去自己感觉相对中立的事件时却不会有这样的实验效果。

这就与保罗的症状完全相反了，他总是会碰到自己左手边的门框和物体。在威尔金森的研究中，有某种物质提高了那位健康、年轻的托托盘者的右侧大脑活跃性，令他们的左侧大脑活跃性受到了抑制并推动他们的行动产生左倾倾向。这种物质就是感觉自己软弱无能的那种回忆。

接着我又发现了一篇研究文献，对人们在感觉自己能力超群时其大脑内到底发生了怎样的反应，这篇文章就写得非常直观，因为它直接是让参与者用笔写下自己在那段时间内的感受，即权力超过其他人时的感受。与端着盘子过走廊的实验结论完全相同，当人们感觉自己能力超群时，他们大脑左额叶的活跃性确实增强了不少。

当别人的权力超过了你，"坚定向前"通常就不再是你所能选择的了，因为你无法掌控自己的目标——决定权已经流转到了更为有权的那个人的手中。你可以为自己选择去做 X 事或 Y 事，但你的老板 / 父母 / 兄长 / 老师 / 管理者 /

评价者/合作伙伴等有权来反对你所做出的决定。软弱无能非但不能让你进一步接近自己的目标，它反而会成为你前进的阻碍，因为你得观望那个更为有权的人所做出的决定。

大脑的右前方部位有着抑制大脑其他部位功能的特殊功能。举个例子吧，试想一下你正在一个派对上与他人进行交谈，然后你开了个玩笑，对某个同事进行了一点略带嘲讽意味的调侃，然后你突然意识到，正在与你交谈的人与那个同事的关系其实很好。那么你一定会心里一惊，在精神上立刻刹车，立马将大脑中想要继续说的话给咽回去。这就是"抑制"正在发生作用，而大脑中的右额叶就是你大脑刹车系统的一部分。

试想当你碰到了一个意料之外的恐惧事件。你会有怎样的反应呢？你会愣住，大脑一片空白。这就是大脑在接收到威胁信号时启动抑制程序时的正常反应。对每天的日常工作与生活目标，大脑的右额叶就专门负责"退避"此类事件——换句话说，它要起到一个回避作用。受制于其他人的权力就是一种潜在的威胁，它是你生活不确定性的来源，甚至还会造成你的恐惧心理。这就是为什么缺乏权力就会使人打开大脑右额叶的回避系统，其结果也就是左侧大脑的贴近系统被抑制。

贴近系统与回避系统之间的拉锯战是一种基本特征——可以说，它就是我们日常生活的一个基本特征。我想吗？我不想吗？我要跟他说好还是不好呢？我要不要辞掉这份工作呢？我要不要买下这辆车呢？我要不要上前去看一看呢？这些想法的目的都是在寻求奖励——一种新的关系，一份新的工作，一辆新车，而这些，则推动着我们一直向前。而回避则都是为了逃避惩罚——拒绝、沉重的债务、癌症。

奖励与惩罚是包括人类在内的所有动物的基本行为推动力。这是英国著名心理学家杰弗里·格雷的论点，他曾提出我们每个人都是奖励/贴近和惩罚/回避之间永恒斗争的主角。对人类生存来说，这些驱动力是如此基本又不可或缺，我们已经进化出了两套大脑运行系统，一套更趋向于左侧的定位且代表着贴近，而另一套则更趋向于右侧的定位且代表着回避。当我在对这些研究发现进行思考时，我的思想不禁又漫游到了很早以前，当我还只是一名临床心理学家时曾遇到过的一个病例——1976 年，我在伦敦遇见的一位名叫格洛丽亚的年轻女士。

格洛丽亚

有些人穷尽一生都生活在回避模式中。我想起了格洛丽亚，一位在英格兰南部某大学工作的三十岁左右的研究人员，因为深受重度焦虑的折磨，她找到了我。当我问她的焦虑症状持续了多长时间的时候，她停顿了好几秒钟，然后用一种细弱、哽咽的声音回答道："我一生都活在焦虑之中。"

"我每天醒来时都会感觉恐惧害怕，从来没有哪天不是这样的。"我第一次见到她时，她抽泣着说。我在她的生活背景中从来没有找到任何一个特别值得一提的创伤记忆，尽管她与家中另一个年少、非常外向和自信的妹妹之间的关系有一点紧张和不适，但她与自己的父母之间存在着良好的互动关系。她的母亲有些内向讷言，所以格洛丽亚认为自己一定是遗传了她的那种内向并且早已经"青出于蓝"：

"上学简直就是种折磨——我每天都迫不及待地想赶紧回家去。"

内心充满寂寞和孤独，格洛丽亚甚至在打开一封信时都会感觉到焦虑：

"我不知道为什么，真是愚蠢啊……但当我收到一封寄给我的信时我都会有种恐惧感——看上去似乎里面讲的是件坏事呢，比如我被解雇了，或者是得了什么很严重的病……或者是做了什么可怕的事，严重地伤害了其他人……"

格洛丽亚的内心深处总在期待着接受惩罚。

她有一群自童年时代就一起成长的密友，但通常来说，大家还是会为彼此交往中潜在的拒绝和反对而对她小心翼翼、如履薄冰。

"我的朋友们有很多理由离开我——他们都早已厌倦了每次问我要不要跟他们一起出去时，我总是在最后一分钟取消行程，所以现在他们一般都不会再问我了。"

面试对她来说也是一种酷刑，她在面试过程中小脸通红以及舌头打结的表现，几乎赶跑了所有潜在的雇主，除了眼光最敏锐的。

"我知道自己可以胜任那份工作，但当我坐在面试台前，面对着桌子后面三位正审视着我的面试人员，我只想闭上嘴巴，只能回答是或者不是这样简单的问题。当他们问我是否还有其他问题的时候，我完全想不到任何一点——我的大脑就是一片空白，只想马上跑出去。"

格洛丽亚其实非常聪明，手头的工作也完成得非常好——她供职于一个供应部门。这意味着，她并不需要与其他同事有太过亲密的合作。

格洛丽亚总是会患感冒和胸部感染，因为她的免疫系统总在承受着慢性焦虑症的压力：慢性压力会降低免疫系统的工作能力，使它无力应对病毒感染。尽管她的长相出众，可是她几乎没有性生活，她总是因为害羞而无法接受男性，总想着逃避来自男性的潜在的、不确定的威胁，就像她对其他人所表现出来的那样。

当我还只是个实习的临床心理医生时，我就认识了格洛丽亚，当时我已着手学习治疗恐惧症和强迫症，但那个时候我还没有完全入门，之后不久CBT这一革命性的疗法就进入了我们的视野，于是我便利用这一疗法来诊治一般性的焦虑和接受障碍。格洛丽亚的家庭医生已经给她开了一些抗焦虑的药物，把她介绍给我的那位精神科医生也给她用了一些抗抑郁的药，但收效甚微。我所能做的最好的事也不过是教会她一套让肌肉放松的方法，这有助于缓解她的焦虑，提高她的睡眠质量，但这些远远无法阻止她持续不断地在生活中饱受焦虑与接受障碍的煎熬。

潜藏在她的焦虑背后的是痛苦的自我意识，我手上许多焦虑症患者也都表现出了很多像她那样的消极自我意识，如西蒙和露西；也有只表现出一部分的，如保罗。在面谈的时候，格洛丽亚甚至还会口齿不清，因为她全程都只是在聆听自己说话，感受自己面部的潮红，观察采访者脸上是否会闪现出对她不够满意的迹象等等，却始终没有去仔细听取问题以及思索自己的答案。难怪她会觉得自己要想找到工作实在是太难。

格洛丽亚的大脑一辈子都停留在逃避模式当中。用杰弗里·格雷所提出的专业术语来说，她的"行为抑制系统"在主导着她的思想，使她不断地提高对外部威胁的警惕，过于拘谨，容易受惊吓，行为拘束，眼神闪烁，低头，略显驼背，而且最紧要的是，她对自我的认知痛苦难抑。

当时我对格雷所提出的"行为抑制系统"和与其相对应的"行为活跃系统"一无所知，对格洛丽亚过于活跃的右额叶可能抑制了她的左额叶导致其活力降低更是完全没有意识到。格洛丽亚满脑子都充斥着对可能会发生的、对她不利的事件的恐惧，以致她发现自己已经不太可能去凭借大脑的贴近系统来想象、期盼一些美好的事物。

"如果我想象自己去见一位朋友——她叫希尔维亚——那么一旦我开始想象见到她是件多么开心的事，我的头脑就会把这些好事往坏处去想——她可能会失约啦，我可能会突然犯偏头痛的病然后让她一个人在那里傻傻等着我啦，火车可能会被取消原定行程，然后我可能回不了家啦……所以我根本不想着手去整理行李了。"

同样的事情也会发生在工作中。格洛丽亚知道自己非常机灵，手头的工作也都还做得不错，在内心深处她对自己的事业还是有些野心的。但她无法将自己的这种野心转化为更进一步的、具体的工作目标，比如在某个会议上发表一篇论文或者是申请去另一所大学工作。每当她想象着自己达成了那类愿望，并且感受到那种掌控感和成就感的时候，她过于活跃的回避系统就会在第一时间关闭与贴近系统相关的预期心理之门，用充满了忧郁与焦虑的失败想象将积极、令人兴奋且快乐的想法取而代之。

"我知道这听上去很愚蠢——至少我的老板是这么形容的。她说我完全能胜任自己的工作,我应该把自己的工作成果展示出去。但我总在想,我做得还不够好,做得不够完美,所以我现在还不能把它呈送给大会或是某本期刊。"

尽管如果再想去帮助格洛丽亚可能已经晚了若干年,但我还是发现了一件事,那就是她大脑的贴近与回避系统的失衡可能已经从化学意义上改变了她的大脑组织。她可以为自己设定好一个目标并且努力去达成,那么位于她大脑深处中间部位的"奖励神经网"就会被激活,而这一过程则会使大脑释放出更高层次的化学信息素多巴胺。多巴胺是一种"感觉良好"的神经传递素——大脑的化学信使——它能刺激大脑对奖励的反应,提高贴近系统的运作能力。

当我试图做一回事后诸葛亮,准备利用我最新的这项关于左侧—右侧、贴近—回避的观点重新分析格洛丽亚的问题时,我还真发现了我们确实有证据能证明大量的多巴胺参与了左脑功能,而我在第一章中曾描述过的化学信息素去甲肾上腺素则更多地与右侧大脑功能存在紧密联系。我怀疑格洛丽亚左侧大脑中的多巴胺活性远不如她那些自信且贴近与奖励心理强的朋友们。而且她长年处于那种更为警惕和焦虑的状态当中,总是杞人忧天的心境——这种惩罚心理——都表现出她有着高于正常水平的去甲肾上腺素。

在二十世纪九十年代中期,当我从爱丁堡搬去了剑桥之后,我却对这种左侧—右侧、贴近—回避理论产生过一些怀疑。它更多的是基于相关性的研究,而这种研究无法证明因果效应。不过可以确定的是,已经有足够多的研究都发现,那些在行为上有贴近倾向的人左额叶的活力通常都较高,而行为上倾向于回避的人右额叶的活性则更高。我们也有很多证据能够证明更为关注奖励和贴近心理的人都对大脑左侧分泌的多巴胺有更多的感受器,也就是接收站——右侧的接收站数量却远不如左侧。

到 2013 年,我的怀疑已经持续了十年,而当年一项公开发表的研究成果终于使我悬着的一颗心放了下来。这些哈佛大学的研究人员组织了与格洛丽亚的性格完全对立的一群学生来作为研究样本——他们都渴望奖励，受贴近系统支配而行动力十足，从来不在意他人对自己的看法，而且时刻都在摩拳擦掌，期待着新的机遇。

毫无疑问，相比其他那些贴近系统倾向不明显的学生，这些学生的大脑左额叶的活性肯定会高出不少。

但是，这与多巴胺有什么关系呢？研究者们通过让学生们服用一片短效的"多巴胺拮抗剂"——一种能够降低大脑内多巴胺活性的药物——来解答这一问题。那么到底发生了什么呢？大脑左额叶活性沉寂了，而右额叶则凭借其活性开始起到支配作用。

于是我便完全放心了：这绝非一种随机的相关性。贴近系统、多巴胺和左额叶是联系在一起的，正如回避系统、去甲肾上腺素和右额叶也存在紧密联系一样。如果我们在 1976 年就有了大脑成像检查，我猜格洛丽亚的右额叶活性一定是非常非常高的。

但要治好格洛丽亚的心病，帮助清扫她的心理阴影才是我的本职工作，同时也是我要做的另一项研究。

多伦多大学的学生曾被要求在两分钟的时间内快速完成一篇关于统计方法的总结，他们都已经被告知主题就是他们所学专业的标准知识。但是这些学生所不知道的是，他们所读的那篇文章里有一半是完全没有意义的，而另一半学生阅读到的则是一篇思路清晰且易于理解的文章。

时间压力和任务的不可预期性让第一组实验参与者感受到了不确定、沮丧和困惑的心理，换句话说，他们感受到了威胁。所以，关键的问题来了——他们对威胁的反应是怎样的呢？

格洛丽亚生活在一个始终充斥着或多或少的威胁的世界之中。我相信她的右额叶也是一直处于一种长期的活跃状态。这都是缘于她对威胁的回避态度。那么，在多伦多大学的研究中，当学生们远离了威胁的时候，那些因为收到不确定的任务而感受到威胁的学生的右额叶活性应该是增加的。

没错，有些学生的右侧大脑活性确实显示出了小幅度的提升。

但另外一组学生没有。事实上，这组学生的左侧大脑活性显示出大幅度的提升。那么这两组实验者分别是谁呢？

先花点时间来想想你会怎样回答下列问题：

"我会像其他大部分人那样把这件事办好。"

"我感觉自己有很多值得骄傲的地方。"

"我对自己的态度是积极的。"

对上述问题的回答中，你如果有越多的"不是"，那么你自尊的程度就越低。

低自尊水平的学生的大脑对威胁的反应可能与我所知的格洛丽亚对此的反应大致相同——通过右脑偏向回避侧的活力的提高可以判断。而高自尊水平的学生则显示出截然相反的应激反应模式——他们的大脑左额叶活性被中止，这说明在威胁出现时，他们应该正处于接近或直面模式当中。于是我认识到，你必须得尊重自己，如果你想要从压力中受益，相比坐等威胁变小，还不如让你的大脑学会坦然接受不断上升的挑战。

我在想，如果我在三十年前就已经知道了这些，我将会怎样去帮助格洛丽亚。我将会怎样帮助她从逃避、退缩和对惩罚的恐惧中解脱出来？我的精神科的同事们认为只有药物才能帮助她，即使到目前为止也不曾出现可以治愈她的药。而我所接受过的培训也没能让我具备治疗这种广泛性焦虑症的能力。

除非是那里才可以。

我曾在那里进修过的位于伦敦的精神病学研究所，它是欧洲"行为主义"的发源地，由世界著名的心理学家汉斯·艾森克掌管。在那里，我们学会了将病人的问题视为"行为"来进行处理，如果你要帮助某个人改变其行为，那么与那种行为相关的一系列感觉也需要得到改变。

行为主义有其哲学性和实践上的局限性，因为对人们的主观心理世界、不可测的思想角色以及情感过程对行为塑造的影响这三方面的无视，当时它也被评论者诸多诟病。在很大程度上，它已经被认知心理学取代，而且在临床方面的实际应用中，它则被认知行为疗法 CBT 取代，它对人类的思想所扮演的角色有正确的认识，也认可人类的思想和信仰能塑造他们的感知和行为表现。

我在二十世纪七十年代后期开始进入 CBT 领域的研究学习，因为当我在1978 年搬去苏格兰并开始在那里从医后，我发现单纯的行为训练已经无法帮助我从容应对前来求医的病人。但在接下来的三十年里，我看到心理学家们已逐渐忽视 CBT 疗法中的"行为"部分，开始越来越关注其"认知"部分，而这部分因为其热度也渐渐成了一个非常大的焦点。换句话说，很大程度上，其治疗目的在于识别和改变潜藏在情感问题之下的思维模式。对这一研究趋势的跟从，我也没有例外。

这其实是个真正的遗憾，因为二十世纪九十年代初有研究不断在表明，思想不仅仅会影响我们的情感，还会影响我们的行为。九十年代的这些全新的研究成果还表明，你的情感也会影响你的行为，但它反过来也是完全成立的——你的行为还可以对你的情感产生影响。

对此有个经典认证，就是要求一些人用牙齿咬住一支铅笔，以此强迫他们的嘴唇摆出一个人工的微笑。其他人则被要求用嘴唇含住一支铅笔，以此强迫他们的嘴唇摆出一个人工的怒容。尽管参与实验的人都不知道自己被要求这样做的目的是什么，但保持虚假笑容的人显然都认为自己比保持虚假怒容的人更加开心快乐。

关于我们的所作所为会控制我们的感觉这一观点其实一点也不新鲜。事实上，在伦敦的莫兹里医院里我们就曾专门进修过如何使用行为疗法来治疗诸如恐惧症一类的疾病。对已经确诊的恐惧症，大多数时候我们使用这种单纯的行为疗法的疗效还是相当不错的。

当时我就有一个症状特别典型的女病人——吉尔，因为对蛇的恐惧，她完全失去了生活能力，尽管在伦敦南部根本就没有蛇。她曾在非洲生活过几年，在那里，她曾偶遇过一两次蛇，但直到她回家之后，那种恐惧仍然在不断地放大。

而且她的恐惧已经到了哪种程度呢，如果她眼角的余光只是扫到了角落里的一盏灯，她都会被恐惧笼罩住全身。自从她知道自己可能由于工作原因还会回到非洲，她的恐惧症便发展成了一种真正的心病，那种恐惧就如同青少年时代的我对童子军仪式的恐惧那样充斥着她的内心。

我们所学习的行为疗法的主要类型就是"分级暴露"。这就跟它的字面意思一样——逐渐地向人们展示他们所害怕的、会吓到他们的东西，同时不断增加恐惧等级或与恐惧物密切相关的东西。通过与吉尔以及她丈夫的深入、全面地交谈，我们确定了她只是一种单纯的恐惧症而绝非其他类型复杂的心理问题，同时我还向他们解释了分级暴露和行为疗法的基本原理及具体方法。

接下来我们就一起创建了一个"恐惧阶梯"，这里面涵盖了一系列从轻微惊吓到由恐慌引发的严重恐惧感的诸多情形。吉尔将会根据自己所认为的情形可怕程度来沿梯而上。以下就是她的阶梯内容，每个条目都根据0~100的恐惧率进行了标注：

- 在一间家具下面有许多蛇般蜿蜒的电源线的陌生房间里待上半小时。20/100
- 在一间家具下面有许多蛇般蜿蜒的电源线和绳子的陌生房间里待上半小时。25/100
- 观看蛇的照片。30/100
- 把手伸进一个封闭的袋子里去，里面有很多卷成一团的电线和绳子。35/100
- 观看你面前的那张桌子上面的仿真玩具蛇。40/100
- 把玩这个蛇形的玩具至少两分钟。50/100
- 观看一个非常逼真的蛇的模型。55/100
- 把玩这个蛇的模型至少两分钟。60/100
- 在动物园的爬行动物区里，隔着玻璃与蛇类共处五分钟。70/100

- 与桌子上的一条真蛇隔着十英尺的距离共处一室至少五分钟。80/100
- 与桌子上的一条真蛇隔着五英尺的距离共处一室至少五分钟。85/100
- 与桌子上的一条真蛇隔着两英尺的距离共处一室至少五分钟。90/100
- 触摸一下这条真蛇。95/100
- 把这条真蛇拿起来。100/100

吉尔在第一个治疗期里，只花了几分钟就完成了前面两项任务。在面对照片的时候，她花了更长一点的时间来适应，但在第一个治疗期的末期，她已经可以从容地注视它们，完全不会引发焦虑。这一过程在专业术语里被称为"习惯"，即大脑的情感系统已经逐步停止对再次出现的刺激产生那种"会有些坏事发生"的反应。

然后我们就转到了阶梯的第四级——抓住一个封闭的袋子里的电源线和绳子。在这一阶段，她开始变得非常焦虑，压力也很大，同时，在进行第二次和第三次的尝试的时候，她也需要非常多的鼓励与安慰。但通过重复十几次这样的动作，她也不再有焦虑了。于是我们就接着前进到玩具蛇这步——这对她来说又不是件易事，但是她也习惯了，虽然这条我在伦敦动物园的小商店里买来的仿真度极高的蛇让她花了整整一个小时的时间来适应，但最后她还是坦然接受了，并且已经可以把它挂在脖子上把玩。

她很害怕造访伦敦动物园的爬行动物区，当我在二月的某个有雾的清晨，请动物园特地安排了一个非正常的开放时间放她进去参观的时候，我看到她面色苍白、憔悴，且大有退缩之意。但是，就在我把她单独留在那儿让她自由活动两个钟头以后，她居然轻松自然地在各式各样的蛇类橱窗前徘徊，并仔细观察着里面的蛇。

在最后一个阶段，与一条活蛇共处的阶段，我把它安排在当地一间宠物店的后房里。我们在那儿待了一个多小时，一开始吉尔的焦虑水平严重爆表。但然后呢，一步一步地，她开始攀爬这最后 5% 的恐惧阶梯，而且最后呢，她也去触碰了那条蛇。

她从来没想过自己可以把一条蛇拿起来，但这又有什么关系？她已经击败了体内95%的恐惧感，她的心灵已经从焦虑的百般折磨中解脱了出来。吉尔对"治愈"的所有意图和目的已经实现。她还是不喜欢蛇，但她已经知道，在现实中，在她即将赴任新岗位的城市里，她再遇见蛇的概率是微乎其微的。

对一件简单的事件产生焦虑会让你的生活混乱不堪，并且还会导致真正的疾病——就像我在海军童子军中遭遇的那样——但它也会是一个最为特别的机会，它能让你看到：有时候，可能仅仅是一个小小的改变，一个人的人生就会有如此戏剧化的转折。当我早已不再需要去吹奏长哨的时候，我觉得道理就是这样的。对吉尔来说，道理也是这样的，她丰富多彩的想象力从此再也不会被对蛇类的恐惧束缚。

吉尔在达到了恐惧阶梯的目标之后，感觉到一股巨大的自信和快乐。在这种行为疗法中，当你克服了自己的恐惧之后，有一个不太被公认的结果就是完成了目标、达到成功境界就能提高大脑中已经为人所知"奖励神经网"或"娱悦中心"的活跃性。这种活跃性是与化学传递素多巴胺水平的提升直接相关联的，而且这种变化过程的结果就是焦虑水平的降低。成功的体验是怎样的，换句话说，它其实就类似于同时服用一种镇静剂与一瓶能量饮料后的那种感觉。

在吉尔的病例中，这种疗法的结果就是增强了她大脑贴近系统的活力，使其抵制她的回避倾向，正是这种回避倾向，使那种恐惧在我见到她之前就已经在生活中统治她太多年了。吉尔在她的恐惧阶梯中越能掌握住那一层的挑战，她就越能轻易完成下一个挑战，即使焦虑在她心中从未消退也无大碍。每当她控制住了自己的恐惧，她都能感觉到莫大的兴奋，这是通过大脑的奖励网络中多巴胺活性的提升反映出来的——也正是它，增强了她大脑中的贴近系统的活力。

然而格洛丽亚的问题却远比吉尔的问题要复杂且深入得多，而且在一个能够合理地适应社会的人的生活中，她的问题并非单纯的恐惧。因此在她的病例中，我并没能像吉尔那样把她完全治愈。但结合我现在的所知所学，我觉得相比过去，我已经能够给予她足够多的帮助了。我现在所接受的培训让我将关注重点转移到了她的回避心理上来——我可以通过对她进行放松的训练以控制住她的焦虑。到目前为止，这套方法都算得上行之有效，但我还要做的另外一些事则是多年后我从都柏林基础临床心理学家菲奥纳·奥多尔蒂那里学习到的。如果我能为格洛丽亚设置一些非常小的、容易达成的目标，那么这样也可以增强她的自信，同时也能刺激她的大脑分泌出更多的多巴胺以稍稍减少她的焦虑和回避心理。

我从奥多尔蒂那里知道了其实那些目标可以是非常微不足道的：比如在休息的时候走进一间普通的房间，然后在那里持续待上 30 秒。然后我会上前去让格洛丽亚在那半分钟的时间里用心留意一下房间里的人，扫一扫房间里哪个人显得非常专注或者是非常悲伤。之后便离开那个房间。这个听上去可能非常不值一提，但对格洛丽亚这样的人来说，这绝对算得上是个大的进步，同时也会给她一种非常不一样的感觉——就像是成功感、成就感一类的，甚至可以算得上是种瞬间的幸福感。这种小的成就可以一点一点慢慢建立起来，格洛丽亚或许就能从回避系统中逃脱出来并喜欢上一种更为积极的、以贴近为导向的生活观。

我突然就有种醍醐灌顶之感，以上种种，它们都是通过在困境中一小步一小步地挪动，让我们渐渐变得更强大。经历了越大的挑战，我们就会变得越坚强。而这其中的原理和机制就在于这些小的成功经验会通过大脑中与多巴胺相关的奖励系统让我们的内心变得更强。而这，反过来又可以让我们更好地应对下一次挑战。

被大脑中的回避系统支配的人，一般都不及大脑中贴近系统占上风的人更易感受到快乐。他们可能会更认真、细心，但这是因为他们的心中总存在着对惩罚的预感与不安。我思考了一下格洛丽亚的生活以及她的问题。几经找寻，我发现她并没有经历过任何大的失落和创伤——从未被虐待、被忽视、患上疾病或者被伤害，也没有任何心理创伤。据我目前所知，在她的早期家庭关系中她从未经历过任何可怕的变故。是的，她确实与自己妹妹的关系处得不算好，但这种事一点也不少见，而且她也坚定地认为，这绝非她的重要压力来源。

那么格洛丽亚究竟是为何落得如此境地呢？直到我偶然间读到了美国心理学家理查德·戴维森的著作我才稍微有些理解。戴维森引用了杰弗里·格雷的贴近—回避系统理论，并将它们用于情感问题当中，他在研究中发现，对那些左额叶活性较强的人来说，他们一般都更倾向于做出奖励导向的行为，因此情绪也总是更为高涨，焦虑和抑郁的程度也较低。另一方面，右额叶活性占主导地位的人，总是倾向于一种回避的行为模式，通常他们都情绪不高，焦虑程度却非常高。值得注意的是，即使是在刚出生的婴儿间也存在这种区别。

有些九到十个月的婴儿总是很容易在与自己的母亲发生分离时产生焦虑，哪怕只是离开母亲一分钟不到都不可以，同时他们也会更害怕见到陌生人。研究表明，相比焦虑程度不高的婴儿，上述这类婴儿的右额叶活性普遍较高。而且，在只有六个月月龄的婴儿当中，对那些右额叶活性较高的婴儿来说，他们血液中的应激激素皮质醇的水平也更高。对很多人来说，比如格洛丽亚这样的，那种持久的慢性恐惧、担忧和退避的行为习惯会贯穿她们的童年，并一直持续到她们成年。这类人通常都显得比较害羞、节制，对陌生的环境与人也都更为警惕——正如她们在婴儿期时那样。

那么这是否就意味着像格洛丽亚这种因为大脑中左侧的贴近系统与右侧的回避系统始终无法取得平衡的人注定就逃不开焦虑一生的命运了呢？当然不是。大脑两侧贴近—回避机制的平衡制约关系是一种动态的博弈关系。诚然，当一侧所占的主导地位更为明显，那么它通常也能持续占据主导地位，因为随着主导地位的增加，它的竞争对手也会被持续性地逐步削弱。但在像保罗这样的病例中你也可以看到，他那种回避的行为模式被一场中风摧毁，通过利用左手进行有限的移动，他学会了纠正自己大脑的右—左平衡，很显然，这种方法对像格洛丽亚这样的病人也应该同样有效。

我得出一个结论，即使是伟大的弗洛伊德的理论也无法解读出格洛丽亚的潜意识，或者说没有任何一种理论经验可以化解这个难题，至少到目前为止，在我与她的很多场对话中，情况都是这样的。我也遇到过很多跟格洛丽亚情况差不多的病人，但她又分明与他们的情况不同。格洛丽亚是一个性格焦虑的婴儿。谁知道原因到底是什么呢——也许与她对母亲依恋的天性有关，但也可能是她大脑中的某个基因所赋予的特质，是她与生俱来的东西。

但她的童年到底发生了一些什么，以及在她进入成年期后，对新生事物会害怕和对陌生人会害羞的这种气质倾向是怎样逐渐演变成她身上那种习惯性的回避型人格，并最终导致她对新的环境和新的人群丧失兴趣？她贴近得越少，回避得就会越多，最终就产生了一种恶性循环，焦虑越来越多，而能够增加贴近系统活性的自信却越来越少。要知道，自信能让人感觉能量十足且气定神闲，受多巴胺刺激而实现的成功经验也多半来自人的自信。她所回避的新的挑战越多，她能够锻炼左额叶贴近系统的机会就越少，这样也在逐步削弱它的功能。换句话说，她其实是在用一生的时间来"撤退"。

因此，格洛丽亚一直都在持续不断地忍受着生活中的诸多小挫折和小磨难。在见到陌生人之前，她一定会连日都被睡眠缺乏、偏头痛、心跳加速、口干舌燥的焦虑症状折磨。她这些症状确实与我在担任海军童子军时要吹长哨升旗时的那种愚蠢的焦虑类似。但区别就在于，我的焦虑只是持续了几个月而已，而她那种升级版的焦虑却困扰着她到目前为止的一生。

但为什么格洛丽亚就不能在逆境中变得更加坚强呢？首先，这种逆境还不至于会逼死她。当我穿越圣三一学院的新广场，走在前去做演讲的路上的时候，半路偶遇的贝克特所提出的"坚持"也许给出了一半的答案。相反，在一场可怕的人生体验之后，你的大脑可能也会带着你走向逃避现实的那一侧，而这样的话，也就切断了你再次走向新的奖励和新的目标的道路。

在这一章节探讨过格洛丽亚的病例之后，现在我就理解了，在某些情况下所谓的逆境会打乱贴近系统与回避系统之间的平衡，并且还会建立一个新的恶性循环，即不断增加的焦虑也在进一步抑制着你贴近任何一种人和事的能力。这样下去，最终导致的结果就是像格洛丽亚这样的大脑思维模式，一心只关注着未来和过去的惩罚，完全摈弃对未来奖励的期待。

我的研究还是有进步的。为了在可怕的人生体验之后变得更为强大，你并不一定要去"坚持到底"，你也许还需要"稍微撤退"。但具体应该怎样做呢？

一种方法就是减少焦虑，它也是回避系统的一部分。这也是我在让格洛丽亚放松身体时，努力尝试着让她去做的事。这对她来说是有效的，但效果不甚明显。因为后来我也发现了，掌控好回避以及随之而来的焦虑是心理学上最大的挑战之一，关于这点我会在下一章进行详细分析。

是不是还有什么别的方法能帮助格洛丽亚呢？它听上去也许会显得很蠢，但一想到回避与左脑这两者间的联系，为什么不试试那个能帮助保罗平衡他的大脑左右两个半球间竞争的，简单的手部运动的方法呢？

其实已经有人尝试过这个方法——经测试，它确实有效。

比如，用你的右手轻轻地捏动手中的橡胶球几分钟，你会变得更加积极，而且你也会因此进入"贴近模式"，因为你大脑左额叶的活性得到了提升。当然，在格洛丽亚的病例中，这样的做法本身也许并不能看出前后会产生怎样的巨大差异——但也许能够给予她一个小小的、临时性的自信度方面的提升，这有助于提升她在会见陌生人时的表现。

另一个相关的方法就是"先做做样子"，即做出一个自信心十足的"力量姿势"（抬头，展臂放松，占据所能占据的最大空间），即便此时你的内心是惶恐的。保持这样的一个姿势，哪怕只有一到两分钟，它也能够提升多巴胺在你大脑中的活力，因为它提高了你的睾酮水平——并且此举同时适用于男性和女性。你大脑内的这些化学变化会让你感觉更加自信，让你好像"在充电"那样，所以可能它能让你感觉不那么焦虑，从而回避可能发生的恐惧与威胁感。

当我感觉自己对某些事产生了焦虑的时候，我自己也会用到这些方法。比如，2012 年我在都柏林做了一个 TED 演讲（https：//www.youtube.com/watch？v=BdnoqcrTvoc），我在后台有些不安地踱着步，期待着我一生中人数最多的一次观众会面，大约有 2000 个人吧，然后我的手机就响了起来。是我的儿子尼尔发来的一则短消息，他写的是："我希望你能摆出你的'力量姿势'哦！"我根本没想到这一招。于是我猛然变身到自信模式，头朝后仰，双臂伸展开，右拳握紧。当然现在说来这只是一则幕后的小趣事，但当我大步走上讲台且全场讲下来都毫无压力，这一切确实都归功于我的儿子及时发来的那则提醒短信。

要帮助格洛丽亚克服她从出生起一直以来的、由大脑支配的回避习惯，需要做的远远不只握紧拳头或假装的姿势这么简单，但我绝对相信把这些方法结合起来利用，比如为她设置一些小的、可达成的目标，通过用自信姿势和握紧拳头来达成提升她贴近系统活力的目的，等等，都可以超越我当时所做的那些，在更大程度上改善她身上的症状。

这三十年

那么，经过这三十年的研究，我身上又发生了什么呢？很遗憾，我并没有因为格洛丽亚，也没有因为他——我朋友萨姆而成为一名更好的临床心理学家，要知道，正是因为他对罗丹的《吻》的惊世发现我才知道这当中确实存在着一定的科学依据。但最令我惊奇的是，在我们大脑的两个半球之间存在着的竞争，竟然会对我们生活中所有的大事都产生着影响——我们的动机、需求、恐惧、激情、勇气、毅力，以及更多。

我觉得自己已经部分解答了我提出的关于尼采的问题。如果"所有杀不死我的，都会让我变得更强大"是适用的，那么我可以做出如下总结，首先，你必须接受塞缪尔·贝克特的"坚持"，即便是兵不血刃，即便你毫无激情与动力。其次，如果你同意自己的大脑将事件上升到严峻的挑战这一行列，你就必须做到尊重你自己，关于自我尊重的相关研究，我在本章已经有过叙述。再次，你必须避免让自己陷入不断自我延续的回避模式，因为这种模式会使你在未来的时间里不断减少自己的贴近倾向和坚持的决心，从而造成你会越来越回避的恶性循环。

但是，即使它们已如此重要，这些见解仍然没能完全地解读尼采的格言。它们并不算完全和充分，因为在这些年里，当我在对自己所遇见的这些人——朋友、熟人，当然还有一些病人进行思考的时候，他们并没有做那些我所认为的、可以帮助你抵抗压力的事——咬牙坚持、尊重自我、保持一定程度的焦虑，等等——他们并没有在逆境中变得更坚强。并且在某些悲惨的案例中，一切甚至还是在背道而驰，向着相反的方向发展。

所以为了解答这个远比我在一开始所做的预计要复杂得多的问题，接下来我还要进行怎样的研究呢？我恐怕得回看自己本科时的心理学教材了——还得去看看在加拿大西部的一座摇晃的吊桥。

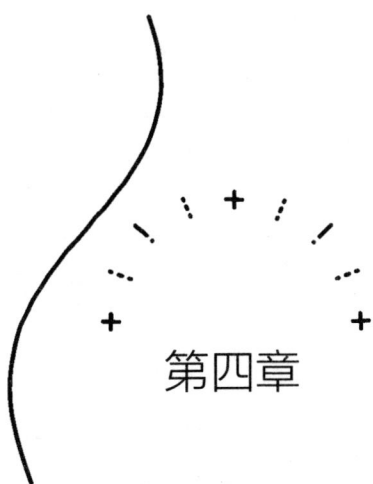

第四章

性与吊桥

　　当你走过北温哥华市卡皮拉诺河上那座450英尺长的卡皮拉诺吊桥时，它会如同风中之烛那样不住地摇晃，那段又长又晃的缆绳就系在仅仅五英尺宽的木桩上，左摆来，右摆去。当你在小心翼翼地跨越它的时候，所有人的注意力都会转移到那几根缆线扶手上去，大家都会觉得它们太低了，以至当你跌倒时，它们根本起不到任何防护作用，要知道，你脚下230英尺处即是一条深深的峡谷，波涛汹涌的一条大河横亘其间。

　　这里就是研发于1974年的一场著名心理学实验的场景发生地。当时安排了一名年轻漂亮的女研究助理站在桥上，请她截住路过的男士并询问他们能不能配合回答一些问题，以协助她完成一项有关创造力对景区吸引力的影响的心理学研究。他们还都被要求写下一则简短的小故事。

　　同样还是这位女研究助理，她还要在跨越另一条河的桥上截住一些男性路过者并向他们询问同样的几个问题，这次的桥不是吊桥，而且非常坚固，不会摇晃。研究人员发现，由行走在摇晃的桥上的男士们所写的故事中，满纸尽是性方面的内容，而由行走在稳固的桥上的男士们所写的故事却绝对不会这样。更值得一提的是，在实验结束后，相比在稳固的桥上行走的男士们，在摇晃的桥上行走的男士们都更倾向于与那位研究助理进行更多的个人接触。

在我的大半个职业生涯中，我对这项实验的认知一直存疑。对它的研究方式，业内也有诸多批评的声音传出，而当我深入研究了当代一些类似的研究成果之后，我开始确信卡皮拉诺吊桥实验的结果绝非偶然。

例如，在得克萨斯州的一个游乐场中，有心理学家曾在乘坐前和乘坐后记录了过山车乘坐者在看到异性照片时的心跳，以确定他们对她会有多么动心。而在摇摇晃晃的轨道上所产生的恐惧感越强烈，他们对陌生人的照片就越容易动心，或者说，这就是作家们所形容的"一惊钟情"吧。

在过去三十年中，在努力想要研究出压力到底将怎样让你变得更为强大的日子里，我从未想过要将它与这个吊桥实验联系起来。然而渐渐地，我开始着手对潜藏在这个实验背后的一些事进行更深入的研究。

对于当你站在一条又高又晃的桥上时所产生的恐惧感，我的第一想法就是它很可能类似一剂催情药——它能帮助你将某种致命威胁转化为最原始、最有力的性能量并将之释放出来。但就压力与焦虑所造成的影响，据我所知，它并不能支撑起我的猜测：相反，因恐惧而生的应激皮质醇会抑制性欲。它会触发大脑的"战斗或逃跑"反应机制，从而造成心跳加快、呼吸急促、面色苍白、多汗以及肚子疼等人体反应。

这些反应都是为了帮助你生存下来而存在的——心跳和肺部的起伏会帮助你将更多的氧气输送至四肢；血液从你的表皮迅速流向腿部肌肉，帮助你提高肌肉力量；消化过程暂时会得到抑制，身体的内在潜能会帮助你控制减少膀胱和肠胃的内容物，你的体重会变轻，从而身体活动能更为迅速、灵活。

然后还有另外一个身体机能也会得到抑制——性功能。"饱暖思淫欲"，当生存还是个问题的时候，性满足便不会处于优先位置，所以恐惧也是抑制性活动和性功能的一种重要因素。除了巨大的恐惧感，很少有什么东西能在最快时间内抑制住男性性器官的勃起，不光是男性，女性也不例外，两者的性激素水平都非常容易受到压力的影响。

所以恐惧本身绝非某种催情药：那吊桥上的实验结论又该做何解释呢？接着我就想到了——实际上，我怎么可能会忘记——1962年出版的由哥伦比亚大学的斯坦利·斯坎特和杰罗姆·辛格撰写的题为《情绪状态的认知、社会与生理因素》的论文，这也是我刚开始学习心理学时看到的第一篇论文。

一些研究样本人群在被注射了肾上腺素或安慰剂后，都被安排进了一间等候室，等候室里提前坐着两名志愿者。这两人当中的一个，既友善又亲切，时不时爱和同伴插科打诨，而另一个人则有些"愤青"，怨念不断，始终都在嘟囔着自己的不满。他们被要求协助所有的研究人员完成一份冗长的调查问卷。

一部分被注射了肾上腺素的人都开始宣称身上出现了之前被告知过的一些典型症状了——双手颤抖，心跳加快，呼吸急促以及面部潮红。对于这些症状，他们的解释都是自己被注射了药品。而另一些人之前则都被告知自己会有些不同——甚至是错误的症状，比如脚部瘙痒之类的。这些人都不知道自己被注射了肾上腺素——尽管几分钟后他们身上也都会有跟前面的人差不多的症状出现。

对后面那组不确定自己身体症状的实验人群来说，在等待过程中他们是否会受到等待室中其他人的影响呢？事实上，研究人员是请了一位演员在配合着他们演戏。结果则是与那个开心又满足的志愿者在一起的被研究者说他的心情也是高兴和兴奋的。而与那个愠怒的人相处的被研究者则言明他也感觉自己非常愤怒。

这项著名的实验表明：许多不同的人类情感都有着相似的身体反应症状。当我们生气的时候，我们的心跳会加速，呼吸会变快，我们的脸会变红，身体也会出汗。而当我们开心兴奋的时候，我们也会呼吸加快，脸部会变红，身体也会不自觉地流汗。其他更多情感也都会随着肾上腺素的增量而出现类似症状——包括恐惧和性兴奋。

其实，当你站在摇晃在吊桥之上，这种情境本身并不会引发人的性唤起。站在这座不稳当的、左摇右摆的、位于急流之上的吊桥上，这一切更多的是会让人感觉有些恐惧。这种恐惧会引发肾上腺素的分泌增加——正如斯坎特和辛

格的注射实验一样——从而导致一些让人感觉兴奋的症状出现，如心跳加速，
呼吸急促，等等。

现在的问题是：我们的大脑思维将如何解释此类感觉？在 1962 年完成的那
场经典的研究实验已经清楚地给出了这个问题的答案：我们的思想会通过环境
背景来解释身体反应。在让年轻的男士与站在桥上的漂亮女士进行对话的实验
中，环境条件就是那名年轻漂亮的女孩。所以，正是看到了这样的环境条件，
桥上的那位男士就做出了相应的反应，他们能感觉到自己心跳加速，胃部有绞痛，
皮肤也会出汗不止。而当时的那种环境条件就是指他们在向一位有吸引力的女
性展示自己对她产生的兴趣，这就使得他们会产生一些类似"喂，我现在感觉
很兴奋呢，我真的被她打动了"的想法。

有一则关于两个精神病医生在街头相遇的老式笑话，一个人对另一个人说：
"你觉得我现在正常吗？"这个笑话其实与我们的情绪如何运转是紧密相连的。
我们的大脑始终都在向我们的身体询问这个问题。但是因为不同的心理感受所
对应的身体感觉非常相似，所以我们通常总也得不到一个确切的答案，于是不
得不结合环境条件找出相应的结论。

这些东西都能帮助我更好地去理解与压力和韧性有关的一些事实真相：你
怎样去解读压力所造成的那些症状，对你将如何去承受这些压力能够产生重大
影响。

马克

马克是一名保安，或者说他曾经是名保安，直到有天一名抢劫犯试图进入
他所工作的工厂，还用一根铁棍野蛮地打伤了他。出于医学原因，马克办理了

提前退休，而且最终他的身体伤害也得到了治愈。两年后，当我遇见他的时候，他的心理状况却不容乐观。马克的婚姻破裂了，而且自从离开了保安公司之后，他一直没能保住自己之后找到的任何一份工作。他已经有四十五岁了，日子却过得一团混乱。

马克的背部一直也存在一些病痛，但这并不是他的医生把他送到我这里来的原因。是这样的，当他第一次过来见我的时候，他自己都说不清到底是什么东西在困扰着他。他自称他的伤痛已经痊愈，生活也恢复了平静，当我问到他对那位曾经袭击过他的罪犯有什么感觉时，他耸耸肩膀，说道："他后来入狱了，现在已经出狱。"而这些，已经是我们初次见面时能从马克那里了解到的信息量最大的一句话了。

然后，他突然开始讲述这一天的早些时候，在他到达我们见面地点之前发生的一些事。他说自己搭乘的那辆公交车拥挤不堪，而且他还把自己的座位让给了一位孕妇。然后又有一位身体羸弱的老年人上了车，但是根本没人起身给那位老人让座，即便是就坐在老人右手边的那个小女孩都没有一丁点让座的意思。

我开始对马克脸上突然出现的紧张神态产生兴趣。他看上去似乎非常郁闷，他刚进门的时候，双手是自然放松状态并分开的，但是现在他的双手却紧握在身前，双唇紧闭，呼吸也变得沉重起来。我瞥了一眼他紧握的拳头，头一次注意到了他的怒气。

"那个女孩的行为让你很生气吗？"我试探性地问道。

他点点头，坐着的身体往后面挪动了一点，看上去是想抓牢自己似的。

"怎么会这样呢？"

他摇了摇头。"她坐在那儿纹丝不动——那位老人却不得不双手扶好以防自己摔倒。这真是让我看得气不过啊！"

"那你有没有提醒她呢？"

"没有，我怕我会控制不住自己想要吼她。而且所有人都坐在那里没有让座给那位老人……"

"听上去，想要把思想化为行动确实是件难事呢！"

他露出一丝苦笑。

"就像一直在不断回放的录音带那样——我甚至还会在午夜时分突然惊醒，然后咬牙切齿地想起她。"

"这种情况经常会发生吗？"

"真他妈的——对不起我说脏话了——是每一天啊！有时一天都会想起好几次。"

"那么让你有这种愤怒感的事，上一次是发生在什么时候呢？"

他咧嘴讪笑。

"你可能都不会相信吧，就是在今天早上，就在我离开家到你这儿来的时候。我住在一条单行道的路边，我看到有个顶多十四岁的小男孩骑着他的自行车在逆行。我忍住了没去追赶他。这已经让我生气了——今晚我可能就会突然惊醒，然后想到他，心跳如鼓，就这样。"

接着，他就开始滔滔不绝地谈论起其他一些困扰着他的思想的事情：有个骑摩托车的人在人行横道闯了个红灯；有人在商店买单时强行插队；有健康的人把车停在了残疾人停车点；还有人在街上乱丢垃圾；有个女人在禁烟区抽烟……这类事情还有很多。马克在清醒的时候，满脑子都是这种稍带强迫症的自我折磨型思考，而它们则彻底摧毁了他的睡眠。

正是这种冷酷无情且令人窒息的愤怒感驱使着他开始思考自杀。他觉得自己无法从这种折磨中逃脱。而每一天，又会有新的事件如壁画展品一般增添到他的"怒气画廊"里。

为什么一些完全微不足道的、很常见的日常事物就能让他那么生气呢？我无法很好地去理解它们，或者说无法很好地理解他。我很担心马克的身体健康，因为这些无法释放的怒气所造成的恒久的压力非常危险。那么这件事到底该怎么解决呢？我也很想知道答案。

然后，有一天，答案出现了。

"当人们违反规则时，我就会生气。"

他面无表情地看着我说。

"当你看到人们没有按照规则做事的时候，你就会生气，比如没有把座位让给一位老人，或者是在单行道上逆行这样的事？"

他慢慢地点了点头，然后就皱起了眉头。

"但我为什么会那么愤怒呢，为什么我就不能强迫自己不再去想它了呢？"他淡淡地说。然后突然，他又显得异常疲惫和绝望。

"会不会是我看到人们在违反一些小的规则的时候，就会忍不住联想到他们也可能会做出一些破坏性更强的事呢？"

他很困惑地望着我问道。

"我无法回答你。"

"……比如他们可能会把一个保安打死啊？"

他又坐了回去。这是我头一次看到他从一种紧张和愤怒的身姿中放松开来。

"每次当你看到有人破坏规则的时候，你就会觉得这个世界真是很危险。"

"是啊。"他叹了口气，又往椅子深处滑进了一点。

就在我们第一次见面之后不久，马克就告诉了我躺在寒冷潮湿的路上的那种感觉，当时他的身体已经被对方第一次的袭击击倒，当那个人再一次举起手中的铁棍的时候，他满眼的不可置信，他就那样眼睁睁看着铁棍在空中画下一个极满的弧度，然后"砰"的一声砸在他的腿上，打碎了他的骨头。

但他在讲述这一切的时候，语气却是异常地冷静，就像说的是发生在别人身上的事一样。他向我保证他从来不会反复咀嚼这件事，而且他还确定自己从没体验过"事件闪回"或者做过由此事而引发的噩梦。不，对这件事他绝对不需要任何帮助——对每天发生的那些会引发他的强迫症想法和愤怒的事才需要。

"当你躺在地上，眼睁睁看着他再次对你举起大棒时，你当时的感觉是怎样的呢？"

他闭上了自己的双眼。

"我觉得我可能要死了。"

"你很惊恐。"

他双手掩面，缓缓地点了点头。

"然后每当你看到有人破坏了规则，你就会被带回到那种恐惧感当中去。"

"但是……但这些事并不会让我感觉害怕啊，它们只是让我感觉愤怒。"

每当马克看到有人违反了规则，他的心跳就会加速，胃部也开始绞痛，皮肤会变得黏糊糊的，他的呼吸因此也变快了不少。在潜意识中，他的思想会将这一切与那次几乎将他置于死地的、严重到无法无天的违规行为联系到一起：每当他的身体因为肾上腺素激增而感觉自己快要失控时，他就会想到在那个可怕的晚上，由那个人所带给他的那种感受。

但马克没有将"恐惧"的标签放在这些由肾上腺素诱导出的兴奋症状之上。相反，他将这种心悸和出汗现象解读为"生气"的表现。但因为这种情况实在太多了，所以他才会被这种重复出现的愤怒反复折磨，无处躲藏。而且这种怒火没有出口又找不到解决办法，于是它们便永无止息：这就是为什么它们会变成一种折磨，会让马克一直深陷于这种永无止境的沉思当中。

马克的情况逐渐在好转。每当他开始分辨出那些症状其实是恐惧而绝非愤怒的时候，他就会拿出一些行动：通过使用一些简单的认知行为疗法中的方法，我帮助他消除了一些恐惧感，当他看到有规则被破坏时，他也会控制自己的意识，让自己少产生一些警报似的想法。而且每当有事情让他感觉愤怒的时候，他就会适时用写日记的方式把这些事记录下来。

"这个礼拜你有没有记下一些事情呢？"

"有啊。"他回答道，他把笔记本拿了出来并递给我看。

"你昨天就生气了？"

"是的，火车上有个年轻男孩，他的耳朵里塞着一副耳机，不过里面传出来的震耳欲聋的音乐还是吵得坐在他附近的人坐立难安。"

"那么你对此做了些什么呢？"

"我做了个深呼吸并且闭上了眼睛，一心在想到底都是哪些念头让我变得这么易怒。"

"然后呢？"

"你现在听来，可能会觉得我的想法很愚蠢，但你知道我当时意识到了自己在想什么吗？"

"想什么呢？"

"那个年轻男孩可能会把某些人吵死吧。"他苦笑着回答。

"可是那又如何？"

"我对自己说：别做傻瓜啊，他只不过是个自私自利的浑蛋，而且说不定他到四十岁的时候就会变成一个聋子。"

"那么这样想的话，你的感觉会怎样呢？"

"好了一些吧。但我还是觉得我的心跳有点快……"

"那么你又做了些什么呢？"

"我对自己说：你是害怕了，你不是生气。但现在根本没什么让你害怕的事。这个人只是很愚蠢，他并不危险。"

"这样做的话，你的感觉会不会有变化？"

"有啊，变化很大，但我还是需要做一些你教过我的放松呼吸训练——它们很有效。"

马克的康复绝非一朝一夕之功——你需要很长一段时间来遗忘曾经的情感习惯——但现在他已经不会再把那种无解的愤怒带入自己的情感世界中，当他的肾上腺素激增的时候，他已经学会将正确的标签贴示于其上。

那么，对我的研究来说，它所谓的弹性界限在哪里呢？我发现没有将马克杀死的东西，根本没有让他变得更强，反而差点弄死了他——我也是到了后来才发现他曾经有多么想要自行了结自己的生命。

但是，结合斯坎特和辛格的研究结论，马克还是让我明白了，当人们面对逆境时，你想要帮助他们在这些黑暗的日子里恢复活力的话，你就必须得了解他们的情绪状况。这并不一定意味着你要深入地挖掘其早期生活经历，也不一定意味着他们必须得接受心理治疗，而是说，你必须正确识别其被肾上腺素引发的剧烈情绪起伏的具体名称，并且运用相应的方法，让它们变得可控。

所以说，性格有弹性的人就会通过换一种思考方式的办法来控制自己的坏情绪。但我们还能不能找到另一种更为积极的方式来通过摇晃的吊桥现象去解读尼采呢？

"如果哪天我的精神不再紧张，那么我退出的时候也就到了。"当说出上面这句话的时候，美国高尔夫选手泰格·伍兹正在将他头脑中的焦虑进行思维转换，他要把它转变为，嗯……把焦虑，转换为……什么东西呢？是一种肾上腺素在作用于他的比赛吗？当我读到这句名言时，我也觉得这一切就跟马克曾经历过的差不多——反思一种含糊不清的情感状态，将它想象成另一种不那么激进的情感状态。但很明显泰格·伍兹所想的其实更为深入——他在将激进状态转化为一种积极的、有推动力的情感。

这样做确实很有成就感，因为焦虑只会让你的大脑混乱不堪。除了让缠绕着你的外周神经系统体会到极度的不适，它还会增加所有的事情的不确定性，同时还会破坏你的控制感：这样就会削弱你的自信心，让你的表现变得更加差强人意。它还会让你的思维紊乱，记忆力减退，而这两样又会进一步破坏你的自信心和个人能力展现。

大脑的恐惧会引发回避系统强力抑制具有前瞻性的贴近系统，以上这些便是其典型症状，对此我会在最后一章进行详细介绍。而这些反过来又会导致经典的恶性循环，即格洛丽亚和马克所经受的那种焦虑。

但我们是不是能找到一种方法，它不光可以打破这种恶性循环，还可以将它转变为良性循环呢？有没有哪项科学研究能聚焦到泰格·伍兹的那句话上来，强调人们可以将头脑中的焦虑进行转化，只取用其有利的一面呢？确实是有，而且就是我发现的。

我已经明确知道了，正如吊桥实验所显示的那样，有时我们并不能准确解读自己的情绪。即使你只是想要评估一下人们从健身房出来以后对异性吸引力的想法，那么你也会发现，平均来说，相比没有做运动时的情况，他们通常都会觉得在运动之后看到异性时，对方的吸引力会有提高。大脑的这种粗线条的逻辑运行方式可能是这样的："哇，我的心跳在加速，我的脸都有些变红了。所以我一定是喜欢上他／她了。"但相反，你也可能会被骗，比如对一些负面的事，甚至是其他一些令你更为不快的事，你的反应也可能是："哇，我的心跳得好快，所以我一定是不喜欢他／她。"

所以说焦虑并非一种令人愉悦的感觉，但它与性唤起和愤怒有着许多相似的情感特征。我曾研究过斯坎特和辛格的理论达十年之久，但令人惊奇的是，在1972年我才有了一些如格拉斯哥的大学本科生一般的发现，而直到大约四十年后的2014年，我才从他们的研究中寻求到它的逻辑结果。这项研究向我们表明了，焦虑是可控的，而且如果想要将它转化为人类最积极和最充满活力的情感——兴奋的话，也是完全可能的！

持怀疑态度的人也许会倒吸一口凉气吧，因为接下来我要介绍的在研究中所形容过的"治疗方法"实在是太过简单，但它已经在最受推崇的实验心理学出版物之一——《实验心理学杂志》中公开出版了。

宾夕法尼亚大学的布鲁克斯·艾丽森就曾将实验志愿者放在多个不同的令人神经紧张的任务中，其中包括：在陌生人面前唱卡拉OK；公开演讲；在时间压力下完成"智商测试"中的算术问题。但在完成每种任务之前——以下就是"治疗方法"了——他们都要对自己大声地说出一句话。这句话可以是"我感觉很焦虑""我感觉很淡定"，也可以是"我感觉很兴奋"。他们都戴着心率监视器，这是为了让他们对自己的身体症状有意识，明白自己在实验过程中的心跳能有多快。

这个"治疗方法"的结果完全符合泰格·伍兹的说法：经过客观地衡量，

在所有的任务中——唱歌、公开演讲，甚至是做数学题，对自己说他感觉很兴奋的人，不仅自身的自信心会有所提高，他们的真实表现也确实会更为优异。而对那些自称"我感觉很焦虑"的人来说，他们也确实会表现得更差。

但另一方面，说"我感觉很淡定"的人，无论是在自身表现或是自信心方面，情况都没有发生任何变化。我不禁搔头：为什么一句简单的话语就会对一个人的表现及自信产生如此大的影响呢？当然，这个研究看上去很平常，它研究的只是一个日常平均水平上的焦虑而已，并不属于格洛丽亚所遭遇的那种严重到已经影响病人正常生活的焦虑。但即便如此，这个结果也已经足够论据确凿、足够令人信服。

我曾记得不懈地斗争与对抗——是我一直以来自创的、用以帮助建立自信心的疗法——曾帮助格洛丽亚尝试着控制住了她那令其恐慌不已的焦虑。我尝试过教她怎样去放松自己的身体，怎样通过缓慢的呼吸和肌肉放松来让自己兴奋的周围神经系统变得平静。但它们真的都只是在我的办公室里、在短时间内有效，她看上去从来都没有办法在日常生活中、在复杂的压力情况下让它们发生效用。为什么会这样呢？

而当我在阅读布鲁克斯的论文时，这个问题的答案简直是"跃纸而出"：冷静是一种与焦虑对立的状态——它减缓了快速律动的脉搏，放松了紧张的肌肉，胃部的绞动仍在继续，但出汗的皮肤仍会变得干燥……当然还有其他一些症状。对所有人，尤其是对格洛丽亚这样的人来说，将他们的情绪状态从一个极端扭转到另一个与它完全对立的极端中去，会是个巨大的挑战。

那么在两种不那么极端跳跃的情绪状态中进行切换是否难度就能降低不少呢？当然是啦！兴奋的症状与那些典型的焦虑症状几乎相同——脉搏会加速，心跳会加快，面部变得潮红，胃部翻腾，等等。所以说，从焦虑变得兴奋比从焦虑变得冷静肯定要容易得多，而这也是我一直在鼓励格洛丽亚努力去做的事。

吊桥实验告诉我们，如果你能将情境改变的话，那么人们的情绪也会因此而改变。但如果让一个害怕做公开演讲的人在神经紧张、汗流浃背的情况下站在台边等待着上台做演说的话，这种情境就是固定的——她根本无法做出改变。或者说，她能做出改变吗？我觉得她可以。对任何一种情绪来说，最重要的情境其实就存在于她的头脑当中。她的大脑可以创建出她想要的情境。

我突然间就明白了在布鲁克斯的实验里，那些人其实是在做一件什么事——通过对自己说"我感觉很兴奋"，他们能像变戏法一样为自己创造出一种全新的精神情境，就像吊桥一样，他们将这一种情绪——焦虑，转化成了另一种情绪——兴奋。

相比焦虑的个人情绪，我完全能理解兴奋怎样让你感觉更加自信，但为什么它还能让你在唱歌、演讲、做数学题，或者像泰格·伍兹那样，在高尔夫球赛这样的活动中做到超常发挥呢？布鲁克斯和她的团队至少寻找到了一部分答案。

如果你即将着手做一件让你感觉紧张的事，比如，为了工作的推广而参加一场采访活动，或者是在一个公开会议上就一个有争议的话题进行发言，那么，你至少有两种大的心态类型可以选择，即威胁或是挑战。威胁的心态会将你的思维聚焦于可能的消极状态中，比如，让你觉得自己像个傻瓜；而挑战的心态会将你的内心关注点转向积极的一面，使你能够给他人留下深刻印象，或者在那种情况下，只是简单地激励你去做好手头上的事。

布鲁克斯·艾丽森发现，说"我感觉很兴奋"能让人更倾向于挑战心态而非威胁心态：我们可以看到，那些宣称自己很兴奋的人即便只是对着一位观众在演唱，他们也会觉得这可能是个能让自己走向成功而绝非失败的机会。但这仍然无法完全解释为什么这些实验志愿者会有更好的表现——为什么只是因为我将它视为一个挑战，我就能解决更多问题或是把歌唱得更好呢？

毫无疑问，答案就是贴近和回避。挑战心态期待的是奖励，而威胁心态期待的则是惩罚。突然间，我发现了兴奋研究与我曾看到的、象征着左右大脑半球间的拉锯战的罗丹的雕塑《吻》这两者间的联系。

挑战紧贴着贴近系统，而威胁则对应着回避系统。对着紧张的神经系统自我暗示"我感觉很兴奋"，这样便能通过创造一种挑战或机会心态帮你进入贴近模式。然后贴近模式就能增加多巴胺的活性，使你的注意力得到提升，头脑更为冷静；反过来，这种生化作用就能让你在数学、歌唱、演讲或高尔夫比赛中超常发挥。

一旦你的大脑进入了贴近模式，它不光能因为其类似镇静剂的特性而降低你的焦虑水平，还能因为贴近系统抑制了回避系统而让你在遇事时不会趋向于退却和避让。回避则会让你担忧于来自过去、现在和未来的威胁，占据你宝贵的思维空间。只需要简单地说句"我感觉很兴奋"，就能通过创建有贴近倾向的机会思维和减少有回避倾向的威胁思维来打出一记战斗力十足的组合拳。

我又将自己的思维拉回到了格洛丽亚的病例中。我真的很希望自己能在多年前治疗她的时候就能懂得以上的所有。她是那么胸怀理想又聪慧过人的一个女孩，而且很可能，当然只是可能，她可以将泰格·伍兹所说的话融会贯通，付诸实践。我还能清楚回忆起在进行一场丝毫不值一提的工作谈话时，她那苍白、憔悴的样貌。"我无法胜任啊。"她抽泣着说，呼吸急促，听上去似乎快要窒息。

我鼓励她尝试着进入放松程序，双眼闭上，放慢呼吸，一点一点地放松身体。我能肯定她在努力地完成上述动作，有时甚至确实能进入某种平静的状态中去。但她的身体始终有些部位是紧绷的，时刻都在准备迎接新的威胁。而就在她的思维开始发散的时候，对工作面试或生活中其他任何一个新威胁的期待则会重新让她释放出洪水猛兽般势不可当的焦虑。

如果格洛丽亚能像泰格·伍兹那样，学会将这种焦虑解读为兴奋的能量在大量释放的标志，她可能就可以更好地控制住这些恐惧了。她深知自己是聪明的，而且自己也能高质量地完成手头的工作，并且在她状态还不错的时候，她应该也会乐意在工作面试时展现出自己的聪明才智。所以我们还是能找到解决办法的，对工作的雄心壮志也许有助于减少她的紧张慌乱，使她可以拿出更好的工作表现。除非完全靠自身意志达到内心宁静，相比努力降低她的焦虑并帮她进入她很少能达到的平静状态，这样的治疗目的对她来说可能要简单得多。

那么，我的情况又会是怎样的呢？就像那位被罪犯用一根铁棒敲断了骨头的马克一样，你可能有时也会在凌晨突然惊醒过来，心跳加快，呼吸急促，并且大汗淋漓。你可能也会发现自己在午间突然就犯了胃疼，然后前额冒汗，并不自觉地回忆起自己曾遭受过的创伤。

但你要知道，在每一个威胁、每一场悲剧之下，都深藏着一份挑战。而至少，它只是需要你简单地做到"坚持住"，在贝克特的名言中就提到：在非常恶劣的情况下，能带来最大满足感的事不过就是一步一步走向前方，当你度过了接下来的一小时、接下来的一天，你会发现，尊严和勇气就是最好的回报。

但我觉得对内心力量的理解，我已经有了一些进步，有些东西应该加入贝克特的"坚持"当中去。利用会造成恐惧和心情低落的肾上腺素便是其核心所在：也就是说，相比诱发出有毒且致残的威胁感，我们应该找到一种方法来充分利用像燃料一样的挑战感。

撩起兴奋度就是个挺好的办法，而且我还确信在生活中的大多数时候，不管是高尔夫比赛还是公开演讲，这个办法都非常实用。我的很多病人都不曾经历过较大的内心创伤，而且他们内心的焦虑与他们所遭遇过的波折通常都是不相称的。对他们来说，学会将自己的焦虑重命名为令人兴奋的事的好处是显而易见的。事实上，在面对日常生活中的焦虑事件时，我自己也会像其他人那样，将它们进行这样的重命名。

但尼采所谈论的绝非那些由公开演讲引发的焦虑。他谈论的是几乎能置人于死地的大事件：事故、疾病、受重伤、残疾，以及你身边某些人的死亡或受伤对你在心理上造成的濒死体验。对刚刚遭受了重大创伤或经历了巨大风险的人说"你只要把这些焦虑的情绪重命名为兴奋就好了呀"，听上去真是既不走心又异常离谱。

在上述情境下，可能他们所需要的正确的关键词并不是"兴奋"。在经历过巨大失落之后，人还能体会到兴奋感吗？也许利用新近生发出的焦虑作为能量补充剂才能推动人去直面下一个挑战，真正做到坚持到底。这对简单的"坚持到底"，也算是个小小的进步吧，我是这么想的。但我仍然觉得我没能探索到可以让人在困境中得到成长的核心秘密。我遗漏了一些东西。

我需要重新梳理一下，因为我觉得自己已经走入了死胡同。那么，我到底遗漏了什么呢？

把它烧得一干二净？

被我遗漏的那个东西可以激励人们去直面困境，就像兴奋所能做到的那样。我需要为贝克特的"坚持"找到一种"燃料"，它也许无法让人感觉愉悦，但它能推动人们面对逆境迎难而上。焦虑和恐惧也许会与性和兴奋共享着由肾上腺素唤起的若干症状，但在困境中，那些偏积极的情感总是无以为继。

老实说，我感觉自己遇到阻力了。我自己的个性中其实一直都有着坚强乐观的一面，我总倾向于观察每一片乌云的银边，倾向于看到光明的东西，这也是我总会被那些在逆境中得到成长的人的故事牢牢吸引的原因。但我知道自己其实也会刺激到一些人，特别是当我自己的生活已经算得上是一帆风顺的时候。生活，对有些人来说，是非常艰难的，你想要求他们简单地将这一种情绪转化为另外一种，把他们完全当成吊桥上那一群无牵无挂的学生的话，也许反而会激怒他们，而事实也是如此。

我们还是应该回归科学，用科学的方法去寻找答案，但如何在成百上千篇学术论文中找到头绪呢？我决定用这两个办法。首先，我必须去跟那些经历过真正创伤的人交谈，比如那些曾经历过生死一线的，大家都觉得他们难逃一劫，最终他们却只是患上了创伤后应激障碍（PTSD）的人。其次，我还需要回顾一下我在第三章中曾讨论过的、与贴近和回避系统对应的正面和负面情绪。

在事故发生之后的每一年、每一个月、每一个白天黑夜，他满脑子都是急速下降的直升机所发出的那种令人心悸的抖动和摩擦的场景。还有那种噪音——螺旋桨下坠到驾驶室座舱继续飞转并切割着他同伴的身体所发出的震耳欲聋的撕裂的声音。这些感觉、声音、场景就像一部阴森可怕的多维感官电影，在他的头脑中反复循环播放着。不仅仅是几天，或者是几个月，而是好几年，他都只能弓着背坐在这家医院的椅子上，这个年轻的、身材纤细的人就只能这样体会着一种永无止境的恐惧感。

在此之前，我从未见过任何一个创伤后应激障碍严重到如此地步的病人。挂在这位年轻的石油工人脸上的那种无止境的恐惧感一直萦绕在我的脑海中。因为相对来说我很少有机会遇见罹患 PTSD 的病人，这让我将注意力转移到了恐惧这一创伤的主要情感表现上来。

当然，PTSD 还有许多其他症状：比如，创伤侵入时的场景会情不自禁地钻入脑海，造成肾上腺素和恐惧感的激增，它有时会发生在清醒的时候，有时也会在噩梦中上演。

人们也会尽量地回避对创伤的回忆。我曾在 1981 年帮助过一个苏格兰的货车司机，当年他曾把车停在了路边，然后突然冒出来一辆小车，一辆名为"希尔曼顽童"的特殊设计的车子，它的油箱在车的前部，而发动机则在尾部。他就眼看着那辆车撞进了自己的车厢。经过剧烈撞击后，小车驾驶室的门被卡住了，他只能无助地、眼睁睁地看着小车油箱爆炸，小车司机就那样被活活烧死了。

这位货车司机就生出了一种对"希尔曼顽童"的恐惧，无论何时，只要他看到一辆这种车，他就会变得很紧张，会无比恐惧地回想起那场事故。更糟糕的是，即使只是想象着遇到了一辆那样的车，他也会开始感觉到焦虑。因此，他发觉自己越来越害怕开车上路。最后，他不得不放弃了自己的工作。他开始变得消沉，也就是在那个时候，他遇到了我。幸运的是，我设法帮助他战胜了自己的恐惧，并且最终帮助他回归了老本行，他又可以重新上路了，但同时他也经历了一段又漫长又艰难的康复之路。

这位货车司机的回避——无论是身体或心理上的——就是创伤压力的第二个典型特征。其结果就是它能无限蔓延，并在心中形成一种涵盖了从内疚到沮丧的复杂情感结合体。尽管他们的内心可能并没有特别消沉，但有些人仍然会因此变得情感麻木，无法再去享受生活。对自己身边关系最为亲密的人，他们也会给对方以疏离的感觉。

这类型的人当中，最为著名的例子便是罗密欧·达赖尔，他曾在1993年被任命为联合国卢旺达援助团的少将。这位加拿大军官曾亲眼看见了1994年的种族灭绝大屠杀，从卢旺达归国后，他整个人都变了。他患上了扩展型的精神崩溃症，并经历过四次自杀未遂："我已经无法进行沟通，无法与我的家庭成员交谈，也无法告知他人在我身上所发生的事。"他在2011年的一期加拿大电视新闻采访中曾这样说道，"我再也无法露出笑脸，我也无法再去爱、去关心他人，而且因为其他人都去世了，我却还活着，所以我心中始终有种挥之不去的负罪感。"

创伤应激的第四种后果便是觉醒。极端的压力就好比道路上的急弯，受自身分泌出的高剂量去甲肾上腺素影响，你的大脑会进入一种超高强度的警觉状态。这就会导致人们完全超越自己的耶克斯—多德森曲线的尖峰并进入一个全新领域，在那里，即使是最细微的一点声响也会吵得他们坐卧不宁。于是他们便无法做到正常睡眠，也无法集中精神，因为他们的思维会被新出现的威胁搅得无法停息，始终处于那种高度警惕的状态。

但是还有另一种情绪也会经常出现在PTSD患者的身上。在2000年，加拿大广播曾公开阅读过一封由罗密欧·达赖尔所写的信，里面有这样一句："会把你同自己的家人、朋友以及社会的正常运转节奏完全隔绝开来的恼火、愤怒、伤害和孤零零的寂寞感，它们的力量是如此强大，以致当你要做出摧毁自己的选择时，一切会显得如此真实又充满吸引力。"

愤怒作为一种典型的应激反应特征，我曾在很多人身上都看到过，比如马克，那位曾被歹徒暴击过的保安。但直到 2000 年左右，当我搬到了都柏林并重新研究了杰弗里·格雷的贴近与回避系统后，我才开始思考这两者间的压力平衡问题。

大体上说，这是一种粗略的且既已存在的概念，即左侧大脑的思考是以贴近为导向的，而右侧大脑的思考则更多地是以回避为导向，而且在当代，这种看法已经被广泛接受了。并行存在的情绪也是如此，一些诸如幸福感的正面情绪通常都偏向于发生于你的左侧大脑，而像恐惧这一类的负面情绪则更偏向于发生在右侧大脑。

但愤怒到底是什么呢？难道它并非一种消极情况？随着研究人员们开始从情绪的贴近—回避眼光看待愤怒——但他们也许太拘泥于左边积极 / 右边消极的观点，于是一切变得不再笃定。在贴近—回避理论中，愤怒成为一种卓然而出的异常现象。如果它属于一种消极情绪，那么它就应该与恐惧和焦虑一样，倾向于发生在右侧大脑。但在二十一世纪初期的很多研究文献中都有显示，愤怒其实更偏向于发生在人的左侧大脑当中。

事情就这样有了变化。我们不光要把愤怒视为一种积极情绪来重新看待，我们还需要重新审视左边积极 / 右边消极的观点。

"没有杀死我的那些东西"通常会给人们或多或少地留下一些伤痕，无论在精神上还是在肉体上。它们同时还会给人们带来挫败感，让他们无法再像曾经那样去生活。在经历过一场疾病、事故或袭击之后，情绪恢复就变得异常艰难，尤其当这意味着你要去处理生活中新出现的一些例如残疾、疼痛、压力、抑郁、失去所爱之人、财物损毁等诸多困难的时候。1970 年，当我在格拉斯哥大学开始自己第一个月的心理学课程学习的时候，我就知道了限制会让人感觉沮丧和挫败，从而进一步引发人的进攻性行为——换句话说，引发愤怒。

那么这就说到点子上了——左侧和右侧大脑的活性被错误地与积极情绪和消极情绪产生关联。而事实上，它只是起源于杰弗里·格雷的贴近与回避理论。愤怒并非一种令人愉悦的情绪，但它是一种令人无法抵抗的情绪，它能推动着你向前进而不是向后退，所以它应该属于一种典型的贴近型情绪。而如果我要将愤怒视为一种贴近型情绪重新思考的话，那么我不光可以将贴近—回避理论中明显的矛盾之处梳理通顺，或许更重要的是，我还能发现一些更为重要的东西——"坚持"的一种潜在的、新型的推进动力。

然后呢，愤怒就是贴近系统中与左侧大脑相连的一部分。但是它可以作为我一直以来在寻找的、能用以激励人的情绪吗？从长远来看，它能够在坏的事情发生之后，帮助我们变得更为强大吗？可是一旦我感觉自己因为发现了能让人恢复元气的能源物质而让自己振奋无比的时候，我就发现了一个问题，而且这次还是个大问题。

对在感情生活中患上了创伤后应激障碍的人，愤怒会是他们身上一种极其常见的特征。比如对我的病人马克来说，它就是一种压倒性的情绪。但问题就来了：在对成千上万名与马克病情相似的人的回访中我们发现，那些最愤怒的人，同时也是 PTSD 症状最为严重的人。这样看来，愤怒不光远不可能成为一种激励人去"坚持到底"的情绪，它反而还会产生极端的反作用。

在较长的一段康复时间内，愤怒会不会只能作为一种短期存在的燃料去帮助人们战胜自己的创伤症状呢？事实上，把这句话反过来说才是正确的：愤怒与创伤症状之间的联系，会随着时间的推移而一年比一年更强，一年比一年更密不可分，两者甚至能纠缠几十年。

于是我的研究再次陷入了僵局。我可能要放弃对这种从未遇见过的问题的研究了，但很偶然地，我读到了美国作家和诗人玛雅·安吉罗的几句诗："苦难就像一种癌症。它吞噬了自己的宿主。但愤怒就像一把火。它把一切都烧得一干二净。"这是不是说，愤怒也会有不同的类型？它们有些可能会起到"清扫"和重建的作用，而另一些却会"吞噬掉宿主"？

我花了一些时间来进行 PTSD 方面的研究。是的，看上去确实存在着两种不同类型的愤怒，它们就是人们常说的"内火"和"外火"。总是表现出"外火"的人往往倾向于发生"我讽刺了别人""我说了脏话"或"我快要失控了"这样的问题。有"内火"的人则完全相反，他们总是喜欢说"我压下了这份怒气""我可能有些愠怒"或"我能控制住"这类的话。

压抑自己的愤怒，即内火，换句话说，会延长你遭受创伤后的症状，但如果你能像发外火的人那样把愤怒发泄出来的话，便不会造成那样的后果。我并非想说大喊大叫或者摔门之类激烈的发泄行为可以减少 PTSD 的症状——这毫无意义——只是说它们不会产生像压抑愤怒就会延长自己的受创的那种强烈的干预作用。

所以说，我还是没有找到出路。可以肯定，愤怒能给人以激励，但压抑愤怒似乎只会给你造成更多的苦恼，而不会创造出我一直所寻找的、尼采所说的弹性恢复力。即便是发泄出来的愤怒也无法帮助经历了苦难的幸存者们"坚持下去"。所以说，玛雅·安吉罗的格言只是一句无凭无据的胡诌吗？

我重新开始了对马克的思索。很显然，在他的病例中，愤怒造成了他的后退而没能让他变得更强。大多数时候，他是一个发"内火"的人——对骑自行车的男孩和坐公交的女孩那种完全无视自己的行为给另一个陌生人所造成的怒意的人，他选择了压抑自己的愤怒。马克大脑中对恐惧和愤怒的症状混淆不清，所以对其中一种情绪的细微冲击就会引发他另一种情绪的释放，从而造成焦虑一发作就会引起无谓的沉思这种恶性循环。想到这里，我现在终于懂得了为什么愤怒会成为创伤应激的一位如此恶毒的伴侣。

如果除了自己本身的痛苦回忆，他已没有其他可烧的东西，那么怎样才能把马克的愤怒"烧得一干二净"呢？摔门和对他的妻子发脾气也许可以帮他发泄掉一些怒气，但一年或两年之后，这只会让她离开他，于是这种怒气的非正常的排泄出口也会被堵塞。

我最开始进行这样的课题研究就是为了帮助人们找到"坚持下去"的推进燃料，我想自己可以在愤怒中找到答案。但出于我对创伤应激的研究以及我对马克和其他一些病人的治疗经验，我觉得自己仍然未能找到愤怒所蕴含的积极作用。可是在我准备放弃这一课题研究之前，我决定再深入学习领会一下情感研究类的文学作品，看看是不是能找到一点证据来证明玛雅·安吉罗是正确的。然后，几乎就在同时，我有了一些发现。

如果我受到了侮辱，我就会生气，而这种愤怒就源于我位于大脑贴近系统的部位之一——左额叶。所以，我对侮辱的愤怒反应就会把我向贴近系统推进，让我"坚持下去"。除了一些特殊情况，不管会有怎样的后果，这类型的愤怒都是基于上述机制而产生的。

如果我对侮辱有其他类型的反应，比如，回击过去，那么事实上我的贴近系统的开关又会被打开，我大脑左额叶的活性就会超越右额叶。但如果我没有拿出行动，内心中又对这种侮辱念念不忘，那么这种想法就会让我陷入不安，而我的愤怒也可能会笼罩上一层焦虑的阴影。这是因为我的大脑一直没有停止思索，我的心中一直存着一种紧张不安的胶着状态。一方面我想要做出回应与反击，而另一方面，我又想强迫自己不要再去想着还击。这样的心理冲突把我的大脑扰得异常混乱，这让我感觉很焦虑，因此，一种混杂着不安、紧张与愤怒的情绪逐渐填满了我的思考空间。

现在我才懂得，马克，他就是因为每次看到有人破坏了规则，而自己却没办法对"罪犯"做些什么或说些什么才会感觉异常疲惫又绝望。相反，这就让他有了更多需要夜以继日地进行反复思考的事件，从而造成了他进一步的焦虑和愤怒。于是，马克的愤怒，很显然无法将他向贴近系统推进。相反，他的这种"内火"会把他的焦虑培养壮大，最终供应给回避系统。

所以如果你将愤怒完全压抑并用无尽的沉思来回应"没有杀死我的那些东西"，那么后果反而会是南辕北辙的。为了净化愤怒，你必须将它付诸行动，但也不能是一些无目的的、类似摔门或随便发脾气这样的行为。那么，哪种类型的愤怒才能被净化并且能让你变得更加积极呢？

经过一番深入的研究，关于情绪我又发现了一个新线索：事实证明，当人们不得不去面对他人的时候，他们才会选择愤怒作为自己的情绪，而当他们处于非对抗性的情境时则不会产生愤怒，比如玩游戏这种只需要合作而不需要竞争的活动。更进一步说，在对抗性的情境下，愤怒会让人的表现更为优越，但在非对抗性的情况下却不会这样。

嗯，我好像突然就搞清楚了，愤怒是一种工具。但愤怒只会在我们与他人进行沟通交流且旨在帮助我们获取自己想要的东西的时候才有意义，比如在要求一个懒惰的修车工给我们拿出质量稍高的服务时。单纯对着无名氏或抽象的灾难发火是毫无意义的，而且这样还会把我们带入焦虑这种回避系统却无法给我们注入能量，让我们进入贴近系统。

在所有的文化与种族中都包含着六种基本情绪。它们分别是：恐惧、惊讶、快乐、悲伤、厌恶和愤怒。每种情绪在人类的进化历程中都具备着各不相同的作用。恐惧能让我们变得警觉且时刻能跑动——目的则是避免陷入危境。惊讶可以提醒我们对意想不到的事件保持好奇，并且，因为一个可预见的世界通常都是相对安全的世界，它能激励着我们去解决已经发生的事，并重新获取某种意义上的可预测性，这样我们才能对所处的世界产生控制感。

快乐是我们的需求得到了满足或超越，或者目标得以完成的结果。它是让我们能坚持自己的所作所为的一个标志，这样你才不会死于饥饿、孤独或者贫穷。悲伤则恰恰相反，它是你对失去的一种回应，而且你低垂的头颅和垂丧的双眼则是证明你已经从斗争中暂时撤退回来的生理性标志。这也许是个进化的信息，因为你会悄然变得强大却不会与强者们继续竞争；悲伤也许是种巧妙的保护色——这样你才能在你的部落中存活下来。如果你足够幸运的话，就会是那样的。而厌恶的目的则在于降低你中毒或者被疾病感染的风险。它有助于让你远离富含致命细菌的身体排泄物、变质食品和有毒的植物。

那么，愤怒能怎样呢？愤怒这个情绪至少能让你在目标实现受到阻碍时仍然可以得到自己想要的或者需求的东西。它更像一种社交性的情绪，如果你想让其他人代替自己完成你想要达成的目标的话，它便能大幅提升你此类行为的成功概率。换句话说，愤怒能对你在生活游戏中施以援手，随着愤怒的升级，你的所得也会越来越多。一般来说，愤怒的磋商者通常都能比不带怒气的磋商者获取到更多利益（尽管在与比自己强大的人的磋商中，此举并没有效用）。

露出自己全部牙齿并发出最为骇人、最为尖厉的咆哮声的狗，通常都是最有可能喝退自己的敌人的狗，这样他们才能避免在接下来发生的实战中受伤、吃苦头。愤怒的人类也会发出类似的信号，愤怒的迹象——涨红的脸，握紧的拳头，加速的呼吸，都像是在通过大吼向他人做出警告：不管对方做了什么或者没有做什么，如果他们还坚持阻止他的话，他们可能就会在将来为此付出巨大代价。

如果有一块大石头掉落下来阻断了道路，让你没办法回家了，那么可以肯定的是，你完全没理由对那块石头或者对这条道路产生怒气——愤怒在这种情境之下是完全无用的。但是，如果有辆过路的车因为司机停车时过于自私而造成了道路堵塞，那么愤怒就确实有着潜在的实用目的。假设一下，当然只是设想，如果那位司机没有对你礼貌的挪车请求做出回应：他继续在阻止你达成自己的目的，那么你的愤怒便成了他即将为自己的行为付出潜在代价的标志。他并不知道自己具体会付出怎样的代价，但毫无疑问，在与他所进行的这场沟通中，你身上所产生的怒气可以提高你的谈判地位。

当然，如果堵塞了道路的那辆车的司机是个大块头，而对此产生抱怨的人却是个小个子的话，那么大块头也许并不会认为对方会对自己的身体产生威胁。但是相比一个块头不大也不愤怒的路人，他也可能会害怕眼前这个愤怒的小个子会招来交警。他们之间这以毫秒计的思考完全是无意识的，而且对接下来可能会发生的事就像打扑克牌一样让人无法预测。生活就是如此，跟打扑克牌就是有那么多的相似之处。

所以说，只有对着那些以某种方式阻碍你达成目标的具体的人生气，你的愤怒才算有意义。对着抽象的人生气则完全没有意义，比如"那种让我生气的人"。因为你并没有与"那种让我生气的人"发生具体联系，所以你也没有什么谈判地位需要借助外物来增强。问题是，许多人都会对着一些抽象的东西发泄无用的怒气，以此进行自我折磨。我有位名叫哈利的病人就在这一点上表现得特别明显。

　　哈利是一位二十九岁的大帅哥——他个子很高，头发乌黑浓密，对他的诸多女友有着极其强烈的吸引力。出于某些原因，他有一些自恋，当然这主要还是因为除了一副顶级时装模特的外形，他还是个聪明且成功的伦敦商人。但突然间，病来如山倒，多发性硬化症压垮了他，现在的他只能依靠一根精致的烤漆手杖斜着身子蹒跚踱步。这种疾病发作后所导致的症状便是如此，就在两年前，他的女友们也拿出了当年与他迅速陷入爱河的效率，迅速地离开了他。

　　对一个正处于最美好年华的年轻人来说，这是个残酷的打击，除了内心崩溃之外，谁都可以想象，他脑中哪儿还会有什么其他反应？但这种崩溃感在被熊熊燃烧的愤怒之火一通放大和延伸之后，日夜不停地在无眠的晚上折磨着他。哈利的愤怒并不会针对某个特定的人，但是，确切地说，他是对一种被破坏了的"抽象原则"产生了愤怒。

　　对这一原则的信仰，以及对这一原则被破坏的愤怒，让难以计数的人都在持续地被折磨着。为什么呢？因为这个原则是一个神话，而且它还是一个残酷的神话。哈利总是会把他的抱怨喋喋不休地倾泻出来，而且还总是会泪流满面，他那张英俊的脸于是就这样被愤怒覆盖："真是太不公平了！"哈利觉得自己应该过着非常美好的生活，他始终认为自己会患上多发性硬化症是件极其不公平的事。于是这让他非常非常愤怒。

　　在 2014 年的 5 月 23 日，有个年轻人曾上传了一段视频到 YouTube 网，他对着摄像头念了一段冗长且愤怒的独白，他说道："我已经 22 岁了，而且我还是个处男。我从来没有吻过任何一个女孩。我已经上了两年半的大学，但老实说，我作为一名处男的时间远比这个要长。这实在是太折磨人了。大学时代应该是每个人尽情体验像性爱啊快乐啊疯狂啊这类事情的时间。可是在这些年里，我却不得不在孤独中慢慢腐烂。这太不公平了！（这句是我加的。）"

　　埃利奥特·罗杰在上传完视频后，将他的三个同学兼室友都刺死了，然后又开车出去射杀了三名路人并导致十三人受伤，之后便自杀了。他给自己最后上传的那个视频取名为"埃利奥特·罗杰的报复",这表明这个年轻人后来所做的至少有一部分是出于对这个不公平世界的一种报复。在他看来,那些年轻女孩子都会被其他男孩吸引,可是那些男孩当中并没有他。

诚然,罗杰身上存在着很多的问题,而且他杀死六个人也绝不会是简单地源于他坚信自己遭受了不公平的待遇。然而,有种假设却是完全合理的,那就是:他所秉持的那种"太不公平了"的信念在部分程度上助长了他的愤怒,并最终驱使着他去完成那场屠杀。

哈利的愤怒伤害不到任何人,除了他自己。但是,像埃利奥特·罗杰一样,他被一种不公平的愤怒所折磨,就是那样一种抽象的、肮脏的、违反了世界的公平原则的感觉让他觉得非常愤怒。可是这种愤怒是没有具体目标的,因为没有人能够判断出谁可以对他的愤怒状态做出改变。

我可以将哈利的这种愤怒类型定义为典型的"内火",它是由人在最为愤怒的时候,身体内部受肾上腺素刺激产生的多种症状共同引发的一种焦虑感。正如我们在第三章中就已经提到过的,这种愤怒—焦虑的思考周期会激活他大脑右侧的回避系统,当前有研究显示,这种情况会抑制他的贴近系统。但是为了正视自己的疾病和接受自己的残疾这一挑战,这个年轻人迫切需要那种充满活力且目标明确的贴近系统。现实却恰恰相反,他的内心能量已经被一种针对某个神话的无结果的愤怒挥霍殆尽。当然,这也是因为他始终相信自然世界是公平的,善良的人就能无病无灾幸福度过一生,但这些分明是毫无根据的。

所以,我得去哪里寻找解脱呢?我还要坚持把愤怒当成帮助尼采的信徒们坚持下去的内心燃料吗?还是我仍然得对自己说,路途一定不会太过遥远?直到某一天,一个让人很是烦恼的研究跃入了我的眼帘。

这项研究中的志愿者们需要忍受的东西是相当多的。下面就是研究人员所描述的研究方法,让我们来看看他们都对志愿者们做了些什么吧。

这项压力与挑战的实验任务包括:(1)在七秒钟的时间内,从9095这个数字开始，倒着数数；（2）心算韦克斯勒智力测试中的数学题；（3）在十三秒钟的时间内，从 6233 这个数字开始，倒着数数，等等。为了强调这项任务的社会压力特性，参与者们会被提示自己所犯下的错误，而且还会被实验中的"骚扰员"不断催促其加快任务完成速度。参与者们还会被告之，这些任务的完成情况都会被用来作为智商的判断依据，而且他们的分数还会被拿出来与同场的其他人进行对比。因此，这些任务和这场实验才会被我们用"令人烦恼"来形容。

有趣的是，并不是每个人都会觉得这些任务"令人烦恼"。通过对他们面部表情的记录和分析可以看出，确实有一些人表现出了焦虑的迹象，而且令人毫不意外的是，他们的血压也会随着其体内应激激素皮质醇水平的提高而升高。而我想知道的是，愤怒的人就会承受更多的压力吗？而这就是我能够找到的、有关愤怒的负面影响的全部内容了吗？

当然不会，还是有令人惊讶的发现的。通过他们的身体反应记录可以看出，生气的那组志愿者所承受的压力其实更少。怎么会这样呢？我陷入了沉思——莫非这种烦恼并非"内火"的典型症状？可能吧。因为他们通过面部表情所展现出来的愤怒是在有人正招惹他们生气——研究人员安排的那位"骚扰者"确实在场——这种情况下发生的。在这种情况下，生气作为一种信号，能达到某种程度上的威胁目的，通过向研究人员发出警告，让他们不要再影响其完成那些令人烦恼的任务，所以这其实算是发了一场"外火"。

那么我又有了新的问题：对愤怒来说，难道必须要为它设立一个明确目的，它才能帮助你获得一些有回旋余地的好处？那么对一个正在骚扰你的人表示出愤怒，这种就属于有目的的，不管你的愤怒是否会奏效。但是，可能如果你在事后才表示出愤怒，并且在心里咒骂他们，这时就没有什么作用了，因为他们已经不在场了。愤怒是我们在进行人际交往中的一种工具。但更重要的是，愤怒是一种带着目的的情绪——能够帮助我们冲破阻力或者帮助我们解除由阻力产生的威胁。

被剥夺了目标的愤怒，就像是一辆引擎已经与四个车轮失去了联结的小汽车，只会发出咯咯声且不停抖动，哪里也去不了。而为了保持住车子的抓地力，这种向内的能量又必须加速旋转，因为道路已无法产生阻力——正如那种与焦虑混杂在一起的、没有目标的愤怒情绪对当事人的折磨。只有将引擎与车轮联结在一起，这样的愤怒才能被"烧得一干二净"。

我想我可能差不多就能找到愤怒的"抓地力"了。但后来我偶然读到的一句亚里士多德的名言马上就向我浇了一盆冷水——他已经先于我几千年就发现了奥秘所在，他是这样说的："任何人都会变得愤怒——它不是件难事，但要在正确的时间内，为了一个正确的目的向某个正确的人发出程度合适的怒火——这可能就不是人人都能做到的了，这绝不是件易事。"

愤怒必须要有个目的，否则在面对那些"杀不死我的事"的时候，它就会削弱我的能力，让我没有办法面对随之而来的挑战。或者，一切正如马克·吐温所说的那样："愤怒是一种强酸性物质，相比把它浇灌于某个物体之上所造成的破坏，其实它对盛放着自己的容器才是最危险的。"

所以我才会花很多时间来探寻这种"燃料"的奥秘，要知道，在不幸的事情发生之后，它还能够刺激着人们坚持生活下去呢！对"贴近系统"来说，兴奋和乐观都只能作为它的短期燃料，而愤怒却是这样一种燃料——它们也许能够为达到目的而燃烧得一干二净，但它又像是一把已经上了膛的枪，如果你没有拿好的话，相比对敌人的伤害，它对主人的威胁可能反而是最大的！

我们当中有些人就会对生活产生一种愤怒的贴近感，特别是在被生活戏弄过一番之后。这样会造成一些人的长期敌对情绪，他们总是倾向于不喜欢和不信任他人，还喜欢把他人的行为理解为自私或者威胁。这类人其实就是在愤怒的沉思中画地为牢了——马克就是在遭遇过一些不幸之后变成了这类人。其实这样对他们的健康非常不利，会造成他们的血压升高，而皮质醇及应激水平的升高也会让他们更容易患上心脏病和其他相关疾病。

我鼓励马克将身边一些普通的事物重新解读为非进攻性的、不含威胁成分的事物，同时我还告知了他，他的愤怒中其实还混入了一些与创伤有关的焦虑。以上种种，我已经帮助马克克服了自己的心理问题，但几乎就在同时，研究人员又发现了一种新的方法来帮助长期身处愤怒情绪中的人来表达自己的愤怒，即亚里士多德所提到过的那种积极的方法。

积极的愤怒能利用"贴近式的能量"，通过一种可控的方式，将你为什么会生某人的气以及你希望对方能为此做些什么准确清晰地写出来。比如："你在电话里跟别人聊天的时候，已经让我白白等了你将近二十分钟——我希望你能马上过来为我服务。"你的愤怒可以通过你的表达和声调展示出来，但是你的语言表达会比气场和情绪更让人一目了然。如果你能训练长期处于敌对情绪的人用这种积极的方式来表达他们的愤怒，那么事实就能证明，这样确实能够帮助他们降低血压，帮助他们从充斥着愤怒的思想泥淖中逃脱出来，不再被它折磨。

这种训练方式也许对马克同样有效。例如他可以向公交车上的那个女孩子提出建议，让她把座位让给老人。而他不会这样做的原因之一可能就是他担心会无法控制住自己，并开始大吼大叫。他从来没有学习过通过可控、积极的方式来发泄怒火，而且他感觉很痛苦的地方就在于，当他在发泄怒火，换句话说，当他在发脾气的时候，通常的情况对他都不会有利。因为他的失控，他会感觉自己完全暴露了，内心会充满焦虑和羞愧。但最让他受不了的则是，因为愤怒的频繁发作，他的妻子最终也离开了他，所以也难怪他的内心会始终充满愤懑。

然而愤怒并非一座能够牢固伫立在压力背后的堤坝，随着怒气的增加，人的压力也会随之增加，如果不能将这些压力及时释放出去的话，必然会溃坝并导致更大的灾难。一旦马克学会了将自己的愤怒解读为焦虑发作的症状后，愤怒的马克也就变得不太容易愤怒了。情绪的上升，至少有一部分是来源于我们对自身所处环境的反应。假如我正在一座拥挤的车站里排队等候购票，突然有人从后面撞了我一下。我就带着一种愤怒、不耐烦转过了身，接着却发现撞到我的是一位盲人女性，她正因为拥挤而变得有些迷失方向，于是跌跌撞撞地想回到购票队伍里。于是，由于我对所处环境突然间有了新的解读，我的愤怒也就像一枚被刺破了的气球那样，立即缩小了。

我有一个朋友，他的父亲长期患有严重的精神疾病，坚持想要自杀。理所当然地，这位朋友的情绪也变得异常压抑和消沉，并且已经持续了好几个月。没过多久我就意识到，他的消沉就是由诸多愤怒和悲伤造成的。我坐下来就此与他进行了交谈，他怒斥着父亲的自杀有多么自私和残忍。他被这些愤怒的情绪折磨，整夜无法安睡，而且也感觉自己变得越来越焦虑。所以我问他："如果你的父亲是死于癌症，你还会这么生气吗？"他回答说："不会，当然不会。"我又问："你的父亲是个病人——这些年来，他曾经因为严重的精神病发作过很多次，而且自杀其实也是他生病的症状之一啊，你为什么还要如此生他的气呢？"

变化几乎是立即发生的，而且也很明显。我朋友对他父亲想赴死的观念的转变，让他没有再继续愤怒下去，因为这其实是种无结果的愤怒。他那贫穷且奄奄一息的父亲现在已经对这种愤怒完全免疫，而且还难免会造成他自己的血压升高、皮质醇增高型的"内火"，他的抗压水平同样会因此暴跌。他的妻子后来告诉我说，笼罩在他头顶的那片乌云的消散速度简直快得让人难以置信，而且他再也不会对自己的父亲动怒了。

但我们必须要承认，并非所有的愤怒都可以像这个例子那样简单地换个角度想一想便即刻消失不见。尽管马克对认知行为疗法的反应良好，他还是会持续地经历短暂的复发。当他的愤怒发作的时候，他就感觉那个曾经想置他于死地的人会像毒药一样将他的理智席卷一空。但随着他对那种情境的重新解读越来越驾轻就熟，这种情况也已经越来越不常发生了。比如，他开始意识到这场袭击并不是针对他个人的——这只是一个邪恶的罪犯在实施一种邪恶的罪行而已。任何一个阻挡了这名罪犯的人都会承受着像马克一样被击打致残的命运。他并非一定要杀死马克这个人：只要是身穿制服的，都会成为他的目标。用这种并非针对个人的解释方法能让马克从愤怒中解脱出来，而且也从另外的角度降低了他的内心压力。

在我经常会去看望他的那几个月内，马克完成过很多次这种类型的"心理改造"。在专业术语中，他所做的事被称为"重新评价"——它可以成为能够帮助你掌握强烈情绪（这类情绪通常可以让人如虎添翼）的有力工具。大脑内部所有的额叶，即左侧和右侧，内侧和外侧，概莫能外，都会参与到这种对心智要求极高的工作中来，那就是让病人重新认识在困境中产生的不良情绪，重新调整他的内心期望值。如果大脑额叶能够齐心协力完成上述要求的话，它们就会将信号传递到大脑的情绪中心——一个被称为杏仁核的特殊区域，同时在该区域中减少情绪波动。

用这种方式对不良情绪进行反思，就好比服用了一种无副作用的镇静剂。它能通过降低大脑内部与恐惧和愤怒相对应区域的思维活性而直接减少因之引起的不良情绪。但要做到的话，需要你做出大量艰苦的努力和相关的思考，这对许多人来说很困难，尤其是对那些思想方面正承受着亟须解决的巨大压力的人。

在我见到马克之前，他根本不具备完成对任何一件事进行"重新评价"的能力。但是对情绪的混乱他也曾拿出过一些行动，特别是在他的妻子最终决定离开他之前的那几个月。而他所采用的那种方法，在人群中的使用量可谓空前巨大，但是在 2000 年左右就已经有公开研究表明，它其实是完全无效的。马克所采用的方法的具体内容就是尝试着将他心中焦虑和愤怒的情绪抑制住，并时刻尽力将其深藏在内心最深处。

有一项研究也曾得出过类似结论，在实验中，实验志愿者们都被要求观看一些诸如动物屠杀和人类手术一类的令人害怕的视频。其中一部分人就要像马克所尝试过的那样，比如故意不换台或者故意不记录下他们的表情中所显示出的厌恶，以此来抑制住他们的情绪反应，这部分人都被叫作"被抑制组"。另一部分人则被要求从专业的角度来观看这些视频，比如专注于手术的技巧之类，让他们感觉自己等一下可能需要把看到的这些手术过程——重现，这部分人都被叫作"再评估组"。

两组实验志愿者都表示，相比只观看了有类似结局的电影的对照组，他们的情绪波动都相对更小。在视频开始四到五秒钟的时候，"再评估组"的人的额叶部位显示出了强烈的活性，而情绪的刹车也开始施压于关键的情绪中心，该中心内包含着一个被称为脑岛的大脑区域，另一个区域则是杏仁核。在"被抑制组"中，情况却截然相反，脑岛和杏仁核的活性均有增强。

正如马克在与他的妻子分开之前的那几年时间里所做的那样，一味地压抑情绪却不对它们进行重新评价，只会让你的身体承受更多与肾上腺素相关的一些兴奋反应，如心跳加快、血压升高以及皮肤的潮热出汗等。它还会造成你的记忆力衰退，而这很可能是因为抑制情绪就需要一种长期且恒定的额叶活性吧。重新评价则恰恰相反，尽管在最开始的时候会很艰难，它却不需要像抑制情绪所需要的那样，对额叶有那么多各式各样的要求。

抑制情绪所需要付出的成本还有很多。因为压抑是一种只会让人事倍功半的工具，还因为一些类似恐惧、性唤起和愤怒的情绪通常都会与其他唤起有着重叠的"症状"，在抑制某种消极情绪的时候，总会不可避免地伤及无辜，导致一些积极情绪也被抑制。那些倾向于抑制情绪而不是重新评价情绪的人，与其他那些行为与"被评估组"类似的人相比，无论是积极面还是消极面的情绪，他们都不喜欢与他人分享，这样下来导致的结果就是：平均来说，他们也会比其他人更不受欢迎。这是因为我们总是倾向于信任和喜欢那些性格开放又擅长自我表达的人。

尼采与吊桥

尼采，一位对人类的存在主义中的"意志力量"有坚定信仰的伟大信徒，可能应该已经接受了通过有意识地对能够引发我们产生情绪波动的环境进行重新解释便能掌控自身情绪的可能性。他也许并不会太感兴趣于加拿大某座吊桥上一段恐惧会转变为爱意的小实验。但我能确定的是，我们怎样才能发挥自己的"意志力量"去最大限度地利用和控制我们的愤怒，以期战胜命运的既定安排，对此他应该会表示好奇。

然而，在这一章节中我们已经有过了解，愤怒就是一种微妙而又复杂的情绪，当它转向了内心深处或者是被抑制而不是被重新解读的话，它就可能是危险的。但依据对再评估者所进行的所有研究，并对斯坎特及辛格所著的关于恐惧和性兴奋的首部经典作品进行研究之后，我们能清楚看到，愤怒与兴奋有时也能像恐惧与性刺激那样，被我们在精神上进行重建。对无名氏的愤怒或是对命运的愤怒，都可以被重新评价。而对真实存在的某个人的愤怒却正好相反，它能帮助你更倾向于"贴近"并激励你去鼓起干劲，直面挑战。

对我们在吊桥实验中所看到的那种简单的心理状态的转换，可以说它已经彻底改变了整个心理学——确切地说，是生理学——这门学科。它并没有刺激右半边大脑的回避系统对恐惧产生抑制，而是通过改变心理状态进入了左半边大脑的贴近系统，利用性欲去压制对死亡的恐惧。

受到大量新涌现出的研究文献的启发，当我对自己以前经手过的病例再度进行思考的时候（当年我还没有办法看到这些新的研究成果），我得出了一个结论，正如认知行为疗法的创始人艾伦·贝克长期以来坚称的一样，我们的心理状态决定了我们的感觉和思想，并在很大程度上决定着我们的行为。例如，产生于同一种环境条件下的焦虑的身体感官，只是通过一个简单的心理转变，便可以被重新解读为兴奋，并即时调动起人的积极性，让人变得神采奕奕，备受鼓舞。

这些研究也帮助我对情绪的弹性有了一个更为全面的了解。对于情绪，当我们能对它有个重新的评估而不是一味地压抑的话，在一定程度上，我们将变得更为强大。我可以让愤怒为我所用，但在过程中一定要小心翼翼并为之设定出一个明确的目的。

我的研究又向前走了一大步。通过对愤怒有个重新评估，并对它表现得更为专注和有目的性，我就能更好地控制住自己的情绪，这样的话，"没有杀死我的东西"便可以让我在精神上变得更强大。但情绪力量也只是力量的一种。我们还能通过别的方式让自己变得更强大吗？再比如，来源于"没有杀死我的东西"的压力，它能让我变得更聪慧吗？而这，便是我在下一章要提出的问题。

第五章

压力将怎样
让你变得更聪明？

　　有一天，我在圣三一学院的办公室的电话响了起来。电话那头是我以前带过的一位博士生，她现在是爱尔兰老龄问题纵向研究专业的一名博士后研究人员，她的办公室跟我的就隔了几栋楼而已。她对几千名年过五十的人进行研究，旨在找出人们是怎样随着时间的流逝而逐渐老化的，以及到底是什么因素造成了有些人会更显老一些。但我对这个电话感到惊讶的原因在于，她在里面提到的是一些我也所知甚少的东西——性虐待。

　　乔安妮·菲尼，就是我前面提到的那位研究人员，她告诉我，在研究中她发现，年纪在五十岁到九十岁之间的人里面，大约有十五分之一的人都说自己曾在儿童时期遭遇过性虐待。这一点也不意外，在世界范围的此类研究中，这一数字其实相当突出。在此类事例中，我们能看到，性虐待受害者成年后相比同龄人通常都会显得更为情绪低落，身体健康状态也不如后者。而一想到因为受早期性虐待经历而产生的长期的压力对身体所造成的种种伤害，上述典型的研究发现也就能得到很好的解释了。并且这一想象与我们目前所知也是相吻合的。

　　除非情况并非如此。

　　乔安妮在对这些曾遭遇过性虐待的人的研究中披露了一个显而易见的事实。

通过对相同年龄段、相同社会背景和教育背景的人群进行研究发现，相比非受虐者，尽管那些可怕的早期创伤对受虐者们的健康和情绪造成了一定的影响，但他们在有关记忆、思维、问题解决和注意力的客观测试中却普遍反应更为敏捷，表现也更为良好。鉴于这项研究的规模——有接近 7000 人参与其中，乔安妮和她的同事们已经排除了其他所有会造成样本差异的身体、社会和心理因素。但这个结果仍然令人困惑。乔安妮想知道是否还有其他研究能够支持这一结论。因此她就给我打了这通电话。

我只找到了一项专注于研究曾在童年时期遭遇过身体、心理或性方面虐待的老年人的认知能力的研究。但是，果然，尽管这项研究无法将不同类型的虐待所造成的不同效果分清，相比样本对照组，这些人的思维都显得更为敏锐。这项研究也表明，另一方面，一些诸如失去父母或者在学校被人欺负得不那么严重的早期压力类型对思维的敏锐度也会产生反作用。所以说，情况比我们的想象要复杂得多。

这项研究和乔安妮的电话让我陷入了沉思。是不是还有其他一些类型的压力也会对思维的敏锐程度产生影响呢？我发现了一些荷兰人曾做过的研究，他们曾对超过一千名刚过七十岁的人进行过认知能力测评，然后又在三年后对他们再次进行了测评。对很多人来说，七十岁出头是一个很艰难的岁数，他们可能会因为配偶患病或者其他原因产生新的压力。在人生的这一阶段，激增的家庭矛盾可能也会导致一些家庭变故的产生。这组阿姆斯特丹的被研究人员也无法例外——超过四分之三的人都说自己在三年的时间里，经历了至少一件非常重要的"生活变故"。

果然，相比配偶平安无事的人，那些配偶曾患上重大疾病的人都显示出了更好的认知能力。而且，与其他人，如家人、朋友或邻居等等发生过严重冲突的人，也在三年后表现得思维更为敏锐。而另一项在美国进行的研究也或多或少地有了一些发现。

所以，早期的虐待与更为良好的认知功能之间的联系绝不会是相互独立的事件。但难点就出现了——为什么会这样呢？巧合的是，乔安妮的电话打来的时候，正好我在尝试着思考并解决另一个完全不同的问题。所以我把她的困惑与我的思考结合在一起，对我的问题再度进行了一番探索。有趣的是，当我在为自己的问题寻找解答的时候，我可能还真的能为她的提问给出一个可能性极大的答案。

瑞典双胞胎

痴呆症是一种潜伏的流行病，如果我们不对它进行干预的话，它就会摧毁我们的经济和我们的医疗健康服务。它已经变得越来越常见，因为我们也活得越来越久了——你的年纪越大，你罹患痴呆的概率也就越大。在某种程度上，九十岁以上的人群中，几乎有一半的人都已患上了痴呆症。换句话说，预期寿命能得到延长的好消息是与患痴呆概率上升这一戏剧性的坏消息同时存在的。在我看来，我们得像关注全球气候变暖那样关注这一问题。

痴呆症中最典型的一种莫过于阿尔茨海默氏病（老年痴呆症）了，因为现在还没有找到最有效的治疗方法，而且它的病因也没有被完全攻破。唯一确定有用的办法只能是等患有阿尔茨海默氏病的患者去世之后，对他的尸体进行解剖研究。而那样做的话，你就会看到一个令人沮丧的场景，那就是一个器官已经因为数以百万计的神经元的死亡而完全萎缩了。老年痴呆症患者的大脑会遍布一种名为淀粉样蛋白的蛋白质物质，它会毒化神经元，它还会与另一种名为tau蛋白的物质进行结合，进一步造成脑细胞的内部损伤。

我们已知的一件事便是阿尔茨海默氏病存在着一种遗传因素。这种病存在着一种乍一听会觉得很悲惨但又会觉得已经足够仁慈的特性，那就是出于强烈的基因因素，它不会在人六十岁之前发病。但随后大多数人可能就要中招了，而且随着年龄的增加，得病率也会不可抵挡地增加，随着人身体的老化，人的大脑也会逐渐被那些该死的蛋白质堵塞。当生物学家同事们寻找到了有关这一病症的某个分子或某个生化问题的令人绝望的答案的时候，我们心理学家除了在一旁欢呼便无事可干了？我们的医疗条件已经糟糕至此？

也许，还得除去阿尔茨海默氏病的另一个特殊特征：你一生所接受过的教育越多，你罹患这种病症的概率就越小。数以百计的研究都已经得出结论，其中还有个研究指出，受教育程度最低的人群罹患阿尔茨海默氏病的风险几乎是受教育程度最高的人的六倍之多。

从我 1999 年来到都柏林，我就已经着手对痴呆症的这一特性开始研究，而这也是当我在接到乔安妮的那通关于虐待数据的电话之后，一直在反复思考的问题。我问我自己，像老年痴呆症这种明显是由生物因素引发的病症，它怎么会受到社交或教育因素的影响如此之大呢？教师和书本的威力又怎么会强大到足以对抗那些能够完全杀死脑细胞的有毒蛋白质物质呢？

把关联假设当成原因是一种谬论，当我刚开始学习心理学的时候，它是我学到的第一课。但我每天从媒体读到的科学研究却表明，做 X 事的人总是更容易受到 Y 事的影响，所以说，X 事会引发 Y 事。在我的职业生涯早期，关于为什么要对这类论调保持怀疑态度，生活就曾给我上过最生动的一课。

大约在二十世纪八十年代初期，那时我还在苏格兰研究酒精问题，《英国医学杂志》的编辑曾找我帮他们的杂志写一篇社论。我的文章概要是对当前一些有关社交情况下的轻度饮酒者仍然会损失部分认知和记忆功能的研究进行论证——对西方世界大部分的社交饮酒者（包括我自己）来说，这个研究结论真是太发人深省了。于是我仔细研读了这份研究报告，而且事实上，很多研究都已经表明，一个人每周的饮酒次数越多，他的认知能力就会越差，即便他喝得并不多。轻度饮酒对大脑功能存在危害，有一个持此观点的主要倡导者还专门写了一本书，专门记录那些饮酒的人的生活有多么混乱和糟糕，说这就是因为看上去少量的酒精已经破坏了他们的心理机能。书中的案例旨在表明当他们放弃饮酒的时候，他们的生活将变得怎样正常，他们的问题也将迎刃而解。看上去非常有说服力。

但事实完全不是这样的。这是因为它就是建立在关联即原因的谬论之上的。当我深入这项研究，我发现其实还存在第三个因素与饮酒和认知功能相关。那个因素就是智商。

事实证明，平均来说，智商水平更低的人总是喜欢喝下更多的酒，并且在有关记忆力、思考能力和注意力的测试中，他们的表现也差强人意。当我进一步研究数据的时候，我发现如果在数据统计中排除掉智商因素的话，那么社交性饮酒和认知测试表现之间的关联便完全消失了。换句话说，适度饮酒并不会对大脑造成伤害，更不会引起认知功能障碍。

在本章开头所提到的虐待研究中，乔安妮已经将受教育程度和其他一些可能会引发错误原因关联的因素考虑在内了。但是很显然，他们的研究仍然是建立在关联假设之上的，而且他们也不能确定虐待是"引发"受害者更优越认知表现的原因：即使我们可以确定这种原因关联，由虐待引发的严重且持续一生的身体及情感伤害也远远超过了我们已知的、对认知方面的影响。

所以当我在尝试着解释受教育程度与老年痴呆症之间这种奇怪的联系的时候，我这是要被原因关联这块石头绊倒两次吗？也许在这两者的虚构关联中，还存在着第三种变量呢？

这当中嫌疑最大的应该就是一种很常见的遗传特征了，它一方面可以提高智商——如此，你的受教育水平也能相应走高；另一方面，它能降低大脑对老年痴呆的防御力。这种"智慧大脑"理论假定了受教育水平与老年痴呆症之间并不存在因果关系，它只是与一种可以同时提高智商又能抵抗老年痴呆症的单个遗传基因有关。

我着实被这个问题难住了，直到我看到瑞典的一项针对三十三对同卵双胞胎的研究。在每对双胞胎中——请记住，他们的基因是完全相同的——都是一人患有痴呆症而另一人没有。研究人员将这些患有痴呆症的双胞胎与没有患病的双胞胎的受教育水平进行了对比。他们当中有些人达到了法律规定的最低离校年龄便没有再读书，而其他人则继续在学校求学。在没有患病的双胞胎中，有十二人到了最低离校年龄便结束了学业，而另外二十一人没有离开学校。那么患病的双胞胎呢？他们当中的大多数，一共二十五人，年龄一到便离开了学校，只有八个人在继续学业。

所以基因也无法解释教育与痴呆之间的联系，因为双胞胎的基因是一模一样的。现在我已经越来越相信这个课题大有可为。教育，看上去它可以降低患上痴呆症的风险，但为什么会这样呢？它又是怎样做到的呢？还有就是，它又是怎样适用于乔安妮和她的同事们所发现的虐待与思维敏捷之间的奇怪关联的呢？

学习正如一场神经外科手术

为了帮助大脑提高抵御痴呆症的能力，教育到底对它做了些什么呢？这是个谜。教育是否会像一种非侵入性的神经外科手术那样，为大脑注射进一种神秘物质，从而保护大脑免受疾病困扰？如果是这样的话，那么它真不是一场完美的手术。因为很不幸的是，许多高智商、高学历的人，比如艾里斯·默多克，那位著名的爱尔兰盎格鲁族小说家，就患上了老年痴呆症。但不管教育的机制有多不完美，我还是想知道，这一"神经外科手术"的性质到底是什么？

我在一项针对德国某药学院一个班的学生在期末考试期间大脑变化的研究

中找到了一个可能的答案。这些学生都同意在实验中参加三次脑部扫描——首先在考试之前三个月扫描一次，然后是在他们经过了三个月的学习之后扫描第二次，最后一次扫描则被安排在考试之后的第三个月。

研究人员通过核磁共振成像技术（MRI）测量了他们大脑不同部位的灰质的厚度。经过几个月繁重学习之后，当研究人员再次对大脑的扫描结果进行分析时，他们发现了一种世界上任何一项神经外科手术目前为止都无法达到的"手术效果"——学生们的大脑长大了。

具体地说，他们大脑中的一个名叫顶叶皮层的部位——一块接近大脑后侧和顶侧的、蕴藏着数十亿的神经元的灰质——得到了扩张。在经过三个月的放松后，学生们在大脑顶叶皮层上的扩张仍然保持得不错，不过也并没有得到进一步的扩张。

但在他们大脑的另一个部位，发生了一些更有意思的事情。那个大脑部位名为海马。在一项著名的研究中，伦敦大学的研究人员发现，伦敦的计程车司机的海马部位都显示有扩张迹象。与很多大城市的出租车司机不同，他们通常都来自受教育程度有限的贫穷地区，伦敦的司机在行车时必须通过一种被他们称为"知识"的测试，内容便是整个伦敦的街道地图及其他顺路路径和一些捷径。如果你去了伦敦，你就会发现有很多骑着摩托车的人在街上穿梭，他们的车把手上还挂着一块写字板，那就是他们在做的事。在 2015 年如果想要成为一名伦敦司机的话，你必须花上两年的时间来学习这个，然后他们就要在完全不求助任何卫星定位系统的情况下，被测试有关这个庞大且无序的大都市的"知识"。

这项特别的研究令我欣喜若狂，因为海马正是能控制老年痴呆症不发病的关键结构：它是大脑储存新涌入的记忆的重要组成部分，时时，天天，月月，所有的新的记忆都由它来保存。

患上痴呆症的病人通常都会有这样的一个症状，那就是他们总能记住几年前发生的事情，却会忘记自己几分钟前说了什么或者做了什么。这就是因为海马对这一疾病极其敏感的一个区域失灵了。所以那些德国医学生的大脑里还发生了什么呢？跟出租车司机的情况一样，他们大脑中海马区的后部长大了。于是又有了一个更为显著的发现：与学习停止后，成长也随之停止的顶叶皮层不同，考试结束三个月之后，大脑中的海马区仍然在生长。学习对大脑的重塑作用比任何神经外科手术都要精准、有效。

那么瑞典的双胞胎们又给了我什么启发呢？是否那些留在学校接受了更多教育的双胞胎的大脑会变得更加强大、更不容易被痴呆症伤害呢？即便那令人惧怕的老年痴呆症已经潜伏在了他们的大脑中，他们是否也能因为具备了更强更大的大脑神经网而坚持到更久才发病呢？

也许在那些瑞典双胞胎中，受过更多教育且没有明显痴呆症症状的人与患有痴呆症的人相比，他们大脑内部的劣质蛋白质物质，淀粉样蛋白和 tau 蛋白的含量其实是不相上下的，但因为教育可以让他们的大脑，尤其是海马后部和顶叶皮层这两个区域变得更为强健。如果我们承认了医学院学生的实验成果，那么我们就会知道，即便疾病是存在的，它们仍然能保持正常的记忆和思考功能。

在受过更多教育的双胞胎身上，只有当疾病发展到了极其严重的程度，他们身上才会显示出记忆力日渐减退的症状：事实上，这种情况可能永远也不会发生，因为他们可能早就因为年纪太大、器官衰竭而去世了，完全等不到自己那强健的大脑在与这种疾病的斗争中败下阵来的那一天。

这种学习和教育对痴呆症的影响已经被业界命名为"认知储备"，而且当人们对具备高水平认知储备的人进行解剖后也发现，他们的大脑灰质确实比低水平认知储备的人要厚一些，每立方毫米内的脑细胞个数也相应更多一些。

所以上面的推断还是有意义的……吧？让我无法用肯定句式表达的原因，在于我看到了一篇针对八十岁左右的芝加哥市民的研究文章。这项实验最开始是对他们的记忆力和认知能力进行了测量和记录，以后大约每三年就会再测量一次，直到他们最终去世。之后的解剖就能看出每个人的大脑中会呈现出多少阿尔茨海默氏病和其他痴呆症的病理特征。对他们有些人来说，他们的大脑图像是非常清晰的——他们大脑中与阿尔茨海默氏病相关的 tau 蛋白覆盖的范围越大，他们在前面三年的测试中所体现出的记忆力和认知能力也就越差。但对其他一些人来说，他们的身上却看不出这样的联系，而且他们大脑中 tau 蛋白的含量即使变多了，也并未造成其记忆力的下降。

可是，到底是什么将这两类人区分开了呢？是不是真的有长生不老药可以让这一半年过八十的老人即使大脑中产生了有害的蛋白质也一样能保持活跃的思维呢？他们的饮食中是不是存在一些保护性的化学物质，或者是跟他们所服用的处方药有关？不，都不是。答案又与社交有关。

那就是他们的朋友和他们的家庭。

实验结果证明，最关键的因素就在于多与孩子、亲戚以及 / 或朋友联系，你会变得更加自信，有困难的时候也能向他们求助。这一类的八十几岁的老人至少每个月会关注并巩固一次他们的社交圈。正是在那些关注社交圈的人的大脑中，tau 蛋白含量不曾与他们的记忆力之间产生关联。

然而，在"认知储备"的配方中还有一种成分，当我发现它的时候，我头脑中的某个角落仍然对虐待实验的成果有些费解，仍然有个小钟在响个不停。这个额外的、看上去也能提高大脑对痴呆症抵御能力的成分便是思维活动。不断有研究表明，能够调动大脑思考能力的，仍然在坚持阅读、写作或参加业余爱好或运动的老年人，相比那些不去做上述活动的老年人，通常都会显得更为精神矍铄，罹患老年痴呆症的风险也相对更低。

前面提过的相关性与原因的圈套又要把人带到沟里去了——也许那些人在患病早期就已经无法参与一些需要思考的活动了呀！所以我要证明思维活动是造成思维敏捷的原因而绝非与其相反的因果关系的唯一办法，就是如果我能找到一篇将人们随机分配并要求进行思维活动，然后再将他们与没有运用过思维能力的人进行对比的研究文献。

于是我便在科学文献中进行了一番检索，并且真的找到了一项这样的研究。

德国柏林大学的一群研究人员曾将一些年龄从七十岁到九十三岁不等的老年女性随机进行了分组，目的在于让她们在六个月的时间内学会如何使用电脑。

培训结束之后，在与没有接受过这种系统学习的女性进行对比之后，研究人员发现，前者的记忆力和思维都表现得更加敏捷。

悉尼研究学者米歇尔·巴伦苏埃拉针对所有随机对照实验的一篇评论文章已经证明了这一结论。所以，我也彻底被说服了。并非只有你在年轻时代接受过的那几年的教育可以提升你的认知储备：进入老年时代后仍然能坚持用脑并且保持丰富的社交生活，同样可以产生那样的功效。

我仍然没能进一步理解人们早期某些糟糕的经历与之后的认知能力之间可能存在的联系，但对认知储备的认识，我却有了长足的进步：瑞典的研究人员已经通过实验成功地将遗传因素排除于教育与痴呆症的关联之外，也说明了教育能够帮助人们从某种程度上免受老年痴呆症的侵害。然后德国的医学生们则证明了现代教育的主题——以考试为目的的学习，确实能从生理上帮助大脑成长。

但另一种认知储备的元素，比如需要思维参与完成的工作或一种好的社交习惯，也能帮助大脑抵御痴呆症的进攻。我是否要相信医学生们在备战期末考试时真的可以通过学习让大脑变大呢？我还是无法正确表述认知储备与痴呆症之间的联系。实在太困惑了，我决定去科学期刊中找些灵感。

做"沙发土豆"会令人萎缩颓废？

电视节目吸引了我的注意。显然，为了保持思维活跃，那么通常你就得有一个更好的精神状态，但这一规律似乎并不适用于看电视时候的情况。我想知道为什么会这样，于是便开始了对看电视的研究。

通俗地讲，我发现长时间看电视特别容易削弱人的精力。曾经有研究结论表明，休息的时间拿来看电视不光会造成人的认知能力下降，还会让人产生消极感并嗜睡。对我来说尤其如此，坐在沙发上看了几个钟头的电视之后，我就会非常放松，然后就感觉自己将进入长时间的睡眠。

年轻人和中年人经常会通过看电视来逃避自己正在应对的压力，老年人却不会那么喜欢看电视，而且他们感觉自己看的时间越长，幸福感就会越少。而且这种情况的出现并不是因为他们不喜欢做其他一些更为轻松愉悦的休闲活动：正是花在看电视上的时间总量，而不是花在其他休闲活动上的时间总量，决定了他们对生活的舒适程度和参与程度有着怎样的感受。

我花了一点时间试图来记住在某个晚上看了长时间的电视之后的感受。一句"感觉到放松，被动，同时还有些嗜睡"的形容还真是道出了那种懈怠作用的精髓。我的脑海中似乎突然亮起了一个小灯泡，灵感来了！那种懈怠的感觉与你早上起床时的第一感觉有些相似——大脑昏沉，反应迟钝，而且至少会持续几分钟之久。那么潜伏在这种感觉之后的东西是什么呢？当然是它了——低唤醒状态。是否看电视的人在记忆力和思考能力上显示出的最佳中立和极差消极表现就是因为受到了大脑的低唤醒状态的影响呢？换句话说，是否长时间看电视就会引起大脑中一种"弯道效应"的倒退并将你拉向耶克斯—多德森觉醒曲线的低唤醒状态中去呢？

在阅读完诸多证明看电视会降低人的觉醒程度的相关论文之后，我很好奇的一个概念相反可能是真的：对思维有挑战的行为活动以及周期性的社交活动可以提升唤醒状态，它们就是通过这种方式使大脑免受痴呆症侵袭的。我在第一章中曾介绍过我自己所做的研究，我发现通过将低唤醒状态抬升到倒 U 形曲线的最高点，便能促进大脑受损者的"执行控制"能力，从而使他们的注意力更加集中，思维不会发散。所以，做些认知储备活动，比如业余爱好、教育和社交，也能有相似的作用，它们也能从另一方面提升处于消极状态的人的低唤醒水平，将人的思维状态带往耶克斯—多德森觉醒曲线的高峰点吗？

这是一个稍微有些异乎寻常的假说，而且一旦将它提了出来，我就给自己又加了一副重担。我之前的研究已经表明，我们的表现会因为挑战而变得更为优异。正如在前面的章节中看到的约翰，那位思维敏捷程度取决于挑战引发的兴奋程度的摄影师那样。而且那项研究还表明，化学信息传递素去甲肾上腺素是这种能力唤起的关键因素。

在这一章开始落笔之前，我还根本未能解决自己的疑惑。但是，在 2010 年，我发现自己已经开启了一段完全不同的旅途，我现在想要知道唤醒与它的搭档去甲肾上腺素在保护人类不患痴呆症这件事上是否也起到了某种关键性作用的可能性。这个新的研究旅程可能需要我用两年的时间来完成。

觉醒曲线顶点的大测试

我的假说是这样的：思维挑战和社交会将大脑带到一个最理想的唤醒区域中去，而且就是这种持续的唤醒状态保护着我们的大脑不会患上痴呆症。当我发现认知储备的四种组成成分——教育、智商、需要动用心智的工作以及心理活动——合力运作时便能将患老年痴呆症的风险降低一半时，我对上述假说进行测试的动机便是想将这一结论进行推广。没有任何一种医学疗法或任何一种药物能够产生一点那样的疗效。它们具备着异乎寻常的巨大效用，但如果我要将它们投入使用的话，我就应该先清楚它们的运作机制。

我开始参看一些有关"环境充实"的基本的实验室研究文章。我发现有几百篇论文都提到了相比生活在形状标准、环境相对朴素的环境中的同类，放在内含多种可探索物品的笼子中的大鼠和小鼠们通常都显示出了更好的记忆力和认知能力。更值得一提的是，后者甚至还长出了更多的脑细胞！

于是我在脑海中理所当然地将这种"充实的"实验室小动物与在进行交友、玩游戏、解决问题以及学习新知识等认知强化体验中的人类进行了一番对比。

这些活动现象是否本质上很相似呢？如果是的话，它在动物和人类之间是否存在着共同的效用发生机制呢？

尽管有成百上千的研究都表明了环境充实对小动物的好处，但我还是找不到一个问题的答案，那就是：这一切到底是怎样发生的呢？直到有一天，我读到了一篇优秀的法国论文，身为一名科学家，这篇文章让我大有醍醐灌顶之感。

里昂大学的研究人员问道，充实的环境到底是通过什么提高了老鼠的记忆力并造成了新的脑细胞的生成呢？他们都知道，嗅觉是老鼠的主要感官通道，而笼子里能闻到多种混合气味的老鼠都显示出了更优异的记忆力，并且它们大脑里的关键嗅觉控制区域都生成了新的脑细胞。但这些法国研究人员又追问了一个非常聪明的问题：如果持续四十天，每天都将老鼠放置在一个混合了许多不同气味的地方，然后将它们与另一批每天只能闻到一种新气味的老鼠进行对比，那我们可能会得出怎样的结论呢？

如果你能钻入一只老鼠的皮囊，你将有机会博览气味的天堂，比如胡椒、八角、茴香、桂皮、大蒜、洋葱、生姜、杜松子、丁香、肉豆蔻、柠檬、芹菜、小茴香、巧克力、豆蔻、百里香、龙蒿、辣椒、薰衣草以及橙子等等。每天只多配入一种气味和每天配入一整套混合气味，这两者之间有区别吗？当然会有啦！只有一种方式才会对记忆力和脑细胞产生影响，而这种方式便是每天多加入一种新的气味。新鲜感才是关键，研究人员总结道。

我知道兴奋程度的提高只有一个简单的原因：新鲜感，它是一个能够引起大脑内部去甲肾上腺素的释放的关键开关。正像公路上的弯道所形成的挑战那样，新奇的体验会让你变得清醒，让你心跳加快，瞳孔放大。这也是我在前三十年的时间里所研究的唤醒对大脑的效用所在。现在，这些法国的研究学者则又提出了一个令人难以置信的观点：通过与新事物进行接触可能也会激发大脑保护机制的产生。

法国的研究人员还继续向前跨出了重要的一步。他们知道新鲜感和去甲肾上腺素是一对形影不离的双胞胎姐妹，所以他们又给了另外一组老鼠同样的每日一种新气味的实验安排，但它们使用去甲肾上腺素对抗剂阻断了其大脑内部去甲肾上腺素的分泌。果然，新鲜感的刺激就此失去了它的作用，这也表明在新的气味对老鼠大脑会产生怎样的影响方面，去甲肾上腺素有着多么至关重要的作用。

接着我又有新发现，日本筑波大学的一些研究人员已经研究出了丰富的周边环境与去甲肾上腺素之间的关联。当老鼠被培养在一个充实又有趣的环境中的时候，它们大脑中的全部化学信息传递素里，只有去甲肾上腺素这一项指标的含量会上升——这一点其实我已经从那篇法国研究人员的论文里看到了，正是足够充实的环境才给了动物们新鲜的体验并让它们的大脑受益。

无论如何，它向我们解释了被我们称为认知储备的教育、精神刺激和社交网络可以起到保护我们免受痴呆症侵袭的作用。我发现，很多的动物实验研究都表明去甲肾上腺素可能是一种认知储备的重要因素。我已经可以进一步深入解释为什么认知储备可以降低患痴呆症风险了：老鼠们生存在充实环境中并且每天能闻到新鲜的气味，这让它们在短期内提升了自己的脑容量，而形成这一机制的原因则在于接触到的新鲜的生活体验"点击"到了分泌去甲肾上腺素的开关。

不过，接下来我想要提出的问题是，为什么这种短期的、由"点击"去甲肾上腺素分泌所造成的思维能力的提高能对痴呆症产生一些长期的影响呢？我已经知道了点击去甲肾上腺素的幸运开关也能在短期内提升人类的思维敏捷程度，但是为什么对你想要预防的痴呆症类型，它却无法产生一种长期的保护作用呢？

为了找到这个问题的答案，我有了一些非常值得一提的发现。一眼看去，中等剂量的去甲肾上腺素对大脑来说似乎是种非常神奇的药物。如果你将肾上腺素注入一些指定脑细胞——如对记忆力有重要作用的类胆碱能细胞中去，它们的活力就能保持得更久。不仅如此，如果你取出一些已经被"脑细胞杀手"淀粉样蛋白包围的细胞，然后为它们注入去甲肾上腺素的话，它们对大脑的毒性就会下降——换句话说，去甲肾上腺素对老年痴呆症来说，可能扮演着一种部分"解药"成分的关键角色。

我的发现还不止这些：事实还证明，去甲肾上腺素是一种神经调质，这说明它能通过提高其创建更多神经元连接的能力帮助大脑提升理解力，从而提高大脑的学习能力和记忆力。换句话说，它就像一种"大脑肥料"，而且还能帮助产生其他一些类似"肥料"的物质。

我将这些研究结果都收录进了我正在写的一篇有关去甲肾上腺素、认知储备和老年痴呆症的论文当中。

老年痴呆症的去甲肾上腺素假说，即这一"特效药"是作为一种环境因素（比如新鲜感和精神刺激）的结果，由我们的大脑自然产生的——已经不是人们在茶余饭后的笑谈了。

然而，所有的相关实验都只是在动物身上进行了测试。我想知道的是，它的结论与人类也有关联吗？你可以测量老鼠大脑中去甲肾上腺素的含量，但你不能把探针插到人脑中去进行测量啊！不过我觉得我们还是可以找到别的一些方式方法的。

科学的伟大之处就在于有时候你可以让自己某一部分的研究成果与另一种显然无关的、碎片化的研究产生关联。在第一章里面，我曾向大家解释过我们是怎样找到了一种测量大脑中去甲肾上腺素活性的方法：通过观察眼睛里面瞳孔的收缩与放大。对这部分的研究来说，它与痴呆症是风马牛不相及的两件事，毕竟，痴呆症是另一种完全不同的研究方向，而且过了很久它才进入我的研究范围。当时我们要研究出瞳孔与去甲肾上腺素的联系是因为我们想要深入了解注意力而绝非痴呆症。但突然间，这两种完全独立的研究领域合并到了一起。

尽管猝不及防，但这条路我还是会坚持走下去。充实环境中的动物研究已经得到了证实，但我不知道它是否也适用于人类。尤其是我还想要测试一下，精神挑战或社交网络（人类社会中等同于动物的"充实环境"的情境）是否也会对去甲肾上腺素产生影响，就像在动物实验中清晰可见的效果那样。如果情况确实如我们所料，那么我们就可以解释前文中的实验问题了，我们就能知道为什么那些有着丰富社交网或受到更多精神刺激的芝加哥市民会具备更敏锐的认知能力，以及为什么受过更多教育的瑞典双胞胎比起自己读书少的兄弟姐妹会更不容易患上老年痴呆。

真的多亏了我们的注意力研究，因为我们受它启发才找到了测量人类大脑中去甲肾上腺素的方法，我才能够解答这些问题。在科学世界中，通常会发生的一种情况就是如果你足够仔细的话，你就会发现，总会有其他人正好已经对你的聪明想法进行了测试。当我正想着看看认知储备的几个因素是否会对去甲肾上腺素产生影响的时候，我已经通过瞳孔的扩张研究完成了测试，这说的就是这回事。

再来看智商。我们已经知道了与受教育水平高度相关的智力，是能够抵抗痴呆症的强有力的要素之一。那么，智商是否也会与去甲肾上腺素存在着一定的联系呢？令人高兴的是，我发现这二者间不光存在联系，而且这种联系还非常之厚重深远。当我们在面临挑战的时候，我们的大脑就会释放出去甲肾上腺素以提升我们的认知水平和做决策的能力。我和我的同事们已经发现了我们可以通过观察瞳孔是否会放大来测量这一进程：我们已经证实了它与大脑中一个极其微小的、被称为蓝斑的区域的活性有关，而它正是大脑中去甲肾上腺素的分泌体所在。而且，正如我在第一章中所言，当我们面临挑战的时候——不管是在快车道上遭遇弯道还是要解决一个重大问题，我们的瞳孔都会放大，因为我们的大脑正在释放去甲肾上腺素。

然而世界上许多研究机构的研究人员，几十年来都习惯于将瞳孔放大作为思维活动的指标，并不会利用我们的结论，把它当成去甲肾上腺素活动的反应。所以当我回过头用新的眼光再看我当年的研究成果的时候，我有了一个惊人的发现。

面对一些需要解决的难题——与智力测试中的问题类似的那种，这样的思维挑战会造成平均智力水平的人的瞳孔变大。这是一项众所周知的研究成果。但如果对象是高于平均智商水平的人，情况会是怎样的呢？他们的瞳孔会扩张得更大，这说明在应对具有挑战性的问题的时候，他们的大脑会制造出更多的去甲肾上腺素。更聪明的人比不太聪明的人能制造出更多的去甲肾上腺素。

那么这件事就更有趣了。随着问题难度的增加，平均智商水平的人瞳孔扩大后的直径大体上是持平的，无论问题有多么难，这条直线都不会产生波动。但在智商水平略高的人身上，他们的瞳孔直径是随着问题难度而走高的——这说明随着问题难度的增加，他们的大脑在通过释放出越来越多的去甲肾上腺素来应对越变越大的挑战。

我感到非常兴奋。当智商高的人在面对一个有挑战性的问题的时候，相比面对同样问题的智商普通的人，前者的大脑能制造出更多的去甲肾上腺素。而且这种去甲肾上腺素是一种完完全全自然产生的"特效药"，它不光是一种能够对抗淀粉样蛋白物质的解毒药，还能促进新的脑细胞和神经元连接的生成。而且在痴呆症与智商之间，以及在去甲肾上腺素与痴呆症之间，都存在着一种已经为我们所知的关联。但其实在这三者之间，还存在着第三种缺失的联系——在智商与去甲肾上腺素之间。其实，我也是首次想到这件事，我想要将它们真正联系起来。

所以我就提出了自己的"认知储备的去甲肾上腺素理论"，并以它作为相关主题论文的标题发表在了2012年夏季的《老龄化神经生物学》杂志的电子版上。这一理论提出了认知储备的保护作用是得益于脑部神经元连接的增强和脑细胞网络的增长，同时也得益于一生之中数以百万次计的去甲肾上腺素的"微型注射"和同样被触发了数以百万次的心理挑战、社会交往和记忆检索等行为。而且这里面还存在着一种非常有趣的可能性：重复的去甲肾上腺素的分泌，能让人在面对巨大压力时也达不到引爆点，不会轻易崩溃，而且它可能不光是增强了大脑细胞网络，还可能会对痴呆症本身产生影响。

关于去甲肾上腺素理论，我已经走出了第一步，但目前还没有直接证据可以用来支撑它。而且一个未经测试的假说是无用的，因此当我发表了论文之后，我的内心是很焦虑的。对人类和他们的疾病进行研究是件非常复杂的事，尤其是你在今后许多年里都要去处理各种相关的变数：这些研究本身就需要很多年才能完成，而且它们还非常耗费金钱。

为了正确地测试去甲肾上腺素理论，我需要去招募 100 至 200 名老年人，而且每年都需要去拜访他们，为他们进行一个大范围的认知能力评估，这个评估会一直持续到他们去世。之后还要对他们进行尸体解剖实验，看看他们的大脑中是否有病变迹象，同时还要对他们大脑中的蓝斑进行测量。我粗略地估计了一下，这可能需要我的团队花费七到十年的时间来完成全部研究，而且这项研究的成本可能至少需要一百万欧元。是否可以不用任何实证来支持我的理论，直接把空洞的理论发表出去？我陷入了一段黑暗的时光，我只能在里面苦苦思索，辗转难眠。

然后，在 2013 年二月的一天清晨，一封电子邮件进入我的收信箱，发件人是我以前带的一个博士生，现在工作于荷兰莱顿大学的皮特·墨菲，他曾经在我们证明了瞳孔放大能反映去甲肾上腺素活性的那个实验中担任过小组长。"芝加哥那边发表了一篇论文，它正好能为你的去甲肾上腺素理论提供强有力的佐证。"他在邮件里写道，另外他还附上了一条链接，是最新发表在杂志《神经病学》电子版里的一篇论文。

真的是让我大吃一惊，喜出望外！

这个芝加哥的团队已经精确地完成了所有我想要做却限于时间或财力无法企及的事。作为一项大型的针对老龄化纵向研究的一部分，他们已经收集到了为测试我的假说所需的所有数据。所以要通过他们手上的资料来测试这个假说简直是轻而易举。

罗伯特·威尔逊和他的同事们已经跟踪记录了 165 名平均年龄大约 88 岁的老年人，每年都记录一次相关数据，直到他们去世，这些老人平均是在研究开始 6 年之后才去世的。因为他们每年都会参加评估，所以他们认知能力的衰落曲线能得到准确的绘制，并能与他们死后的大脑状态评估进行对比。令我难以置信的是，这些研究人员不但发现了他们大脑中存在着多少种疾病，而且还把他们每个脑干核中的细胞数都标记了出来。这些脑干核，每一个都好比一个能制造出大脑活动所必需的不同化学信息传递素的小工厂——它们当中的一个，蓝斑核，就是制造去甲肾上腺素的工厂。

这个芝加哥团队做出了如下总结："即使算上了在这些核素及大脑其他部位的神经退行性病变，蓝斑中更高密度的去甲肾上腺素神经元仍然与认知功能的下降紧密相关。"换句话说，他们发现，大脑自行产生去甲肾上腺素的能力变化强烈地预示着这一组八十几岁年纪的人的思维能力在接下来的六年中的衰退速度有多么快。而且他们也证明了这并不是第三种因素——疾病导致的衰退和大脑细胞数量的减少。他们总结出，正是去甲肾上腺素直接促成了认知储备。这就是我想要的结果！

然后，在 2015 年年末，另一个来自加利福尼亚州圣迭戈的研究团队也证实了在年龄跨度从 56 到 75 岁的人群当中，认知储备与制造去甲肾上腺素的蓝斑面积大小之间存在着一定的联系。

所以以下便是我对那组令人费解的教育与痴呆症风险之间联系的个人解读。受教育多的人可能更容易遇上一些会引发去甲肾上腺素分泌的精神挑战性的难题，而且，在面临这些难题的时候，相比那些受教育少的人，他们能够制造出更多的去甲肾上腺素。在这一进程中，部分原因就在于教育能够帮助搭建一组更强大、更完善的大脑细胞连接以便维持更长久的身体机能去应对疾病。去甲肾上腺素就是一种能强健大脑和抵御疾病的化学物质，它能够在我们的一生中以微小的剂量释放出几百万次。每当人在面临精神挑战或处于新鲜环境中的时候，这种释放就会及时发生，尤其是当那个人是一位受过高等教育或者是具备高智商的人的时候，它还能释放出更大的剂量。只要挑战没有转变成压力，没有到达他们耶克斯—多德森曲线的顶端，他们的大脑就能从这种重复的、能强健大脑的输送过程中受益。

我们所需要面对的最为苛刻的精神挑战之一便是与别人打交道。想要弄明白对方的内心感受和思想，并要做出相应的回应，这对人类大脑来说可能算得上是最困难的事了。所以社交网络也能为我们提供保护着实是一点也不令人惊讶的。我找不到什么直接的例子可以证明社交活动会引起瞳孔的扩大，但也有很多其他例子可以证明，当我们看到自己喜欢的人的时候，我们的瞳孔会自然而然地膨胀、变大。因此，似乎很有可能是人类的喜好可以促进去甲肾上腺素的释放并让认知储备受益。如此说来，好的邻居、朋友以及家人都是大脑的建设者和疾病的破坏者。

我的理论让我对某件事有了一种强烈的预感，那就是我们每个人到了某个人生节点就必须要面对的那件事——退休。如果精神挑战是通过去甲肾上腺素的释放在塑造着我们的大脑，那么任何一种缩减挑战的行为都会起到反作用。当退休减少了你的精神挑战，那么你的思维能力就会衰退，我觉得这也有道理，且必然会增加你患上痴呆症的风险。但是否有证据能证明这种耸人听闻的论调呢？我的这一发现着实是发人深省的。

相比五十岁至五十四岁的人，六十岁至六十四岁仍在工作的人所占的比例，在每个国家的差异简直可以称得上天壤之别。在一些提前退休计划盛行的国家，这种比例上的差异更是特别突出，比如法国和意大利，在这些国家中，六十几岁仍在工作的人的数量就远少于英国或美国。让我们将它命名为"年轻—年老工作比"吧。事实还证明，在各个国家间，五十多岁的人相比六十多岁的人的思维敏捷程度也是各不相同的。我们将它命名为"年轻—年老思维敏捷比"。

当我在研究数据资料的时候，我就发现这两种比例间也是有关联的：相比年轻的人，年老的人不再工作的比例越大，年轻—年老思维敏捷比就越大。但这当中也有个非常值得一提的事，这个结论适用于若干个不同的国家。以美国为例，在这个国家，相比 50 岁至 54 岁的人，大约有不到 30% 的 60 岁至 64 岁的人仍在工作。在法国，由于慷慨的退休金补贴制度，同样的数值几乎达到了 90%。这应该不是个巧合，因为在同时，相比五十多岁的参考对象，六十多岁的美国人的思维敏捷程度平均来说只低了 5 个百分点。而另一方面，在法国的六十几岁的人，平均来说会低 20 个百分点。换句话说，对法国人而言，在他们五十岁和六十岁之间，他们的心理优势会直降 20 个百分点，而对美国人而言，他们却只会下降 5 个百分点。在法国，提前退休制度便是造成这一结果的最大"嫌疑犯"。

这一结论不只适用于男性。如果你想要在某个特定的国家计算一下其六十岁至六十四岁的男性和女性放弃工作的年龄百分比，那么你就会得到一个类似的结果。以美国为例，这个指数大约在 50%，而在法国，这个指数又是差不多 90 个百分点。六十岁至六十四岁的老年美国男性和女性在认知能力测试中的平均分大约是 11 分，总分 12 分，而在法国，他们的平均分只有 8 分左右。瑞典、瑞士、英国和丹麦等国家的情况与美国差不多，而意大利、比利时和澳大利亚则与法国的情况类似。

退休对有些人来说看上去很是舒适，尤其是对那些平日里工作压力非常大或者不顺心的人来说。但其实，这里面还存在着一个隐形的成本：停止工作会剥夺你直面挑战的机会，并因此造成你的认知迟钝。当然，也有很多东西能代替"工作"来为你创造挑战，但结合我自己身上的经验教训，我觉得如果你关心自己在精神方面的能力的话，退休后你就应该提前在脑海中计划用一些多姿多彩的非工作需求型刺激来代替工作挑战。

但你也可能会有疑问，这些认知能力的变化真的"很重要"吗？假如我的记忆力下降了那么一点，我就很可能会进入一段特别的人生阶段吗？很多证据都已经强有力地证明，它确实很重要。因为你的记忆力和精神能力是你认知储备的一部分，我们需要很多这类物质来降低我们患上痴呆症的风险。以法国为例，他们对自由职业者有一份很周全的国家养老金计划。相比那些 60 岁就开始领取养老金的人，等到 65 岁才开始领用的人患上痴呆症的风险大约能直降 15 个百分点。

现在我已经完全可以确定了：精神挑战非常重要，而且适度的挑战能让你变得更聪明。当然，这里面也有问题存在，那就是当压力不断增加的时候，我们就会被推挤到觉醒临界点：这样的话，去甲肾上腺素水平会变得过高，一些类似皮质醇的破坏性压力激素就会进入我们的大脑和全身。所以精神挑战最理想的状态应该是位于觉醒的倒 U 形曲线的顶点而不会超越这个点。

在上一章中，我已经发现了挑战与压力会共享同一种非常相似的身体知觉反应，但我们的大脑会将这种感受转化为另外一种。挑战会让你变得更聪明，而压力会让你变得更愚钝。我们可以将压力定义为某种超越了你的能力并且需要你全力去思考与应对的要求。相比不需承受重压的人，处于长期重压之下的人一般都会有着更差劲的记忆力和认知能力。而且处于长期重压之下的人患上痴呆症的风险也会相应增高。

这样看来，压力似乎并没有增加我们的认知储备，反而起到了一个削弱的作用。所以挑战与压力的界限到底在哪里呢？会不会存在着一种良性的压力呢？

良性的压力

"良性的压力"听上去对我来说就是个矛盾的存在，但马上我就开始思考不同的压力类型也许会提高老年人的认知功能。可我也知道压力会削弱认知储备。那么我怎样才能将这个循环打破呢？

一个明显的因素就在于压力的程度。真正的灾难——比如失去了一个孩子——会摧毁你。而且可以肯定的是，有些太过强大的压力可能会给你留下创伤，让你变得更软弱，变得不再坚强。但如果将这类极端类型的压力放在一旁，不同的人在面对同样的压力时却会有各不相同的反应，有些人会将它视为一种恐吓，另一些却会将它视为一种等待着他去战胜的挑战。我想知道的是，你怎样才能知道哪类人会有哪样的反应呢？

为了找到这个问题的答案，我开始四下搜索一些公开发表过的论文。而一个非常重要的因素由此跃然而出，我也立刻联想到了一起著名的绑架案。

在 1986 年的 4 月 11 日，爱尔兰人布莱恩·基南行走在黎巴嫩贝鲁特早晨清新的阳光中，他要去往自己工作的大学给学生们上英语课。一辆老旧的奔驰车缓慢地开到了他的身边并停了下来，车门一开，挡住了他的去路。车上走下来四个持枪的男人，强行把他劫持到车子后排座位上。车子开始飞驰，他们命令基南趴倒在车子的座位下："在他们的脚边，我根本无法趴下来，只能是低下头靠在一个男人的膝盖上。车厢里一片混乱。"基南在事后这样写道。

于是基南就这样落入伊斯兰圣战组织手中，开始了四年半残酷又暗无天日的囚禁生涯。最开始他是被单独关押的，后来他又与一名英国记者人质约翰·麦卡锡同囚。有一天，基南被蒙住双眼坐在那儿，一个警卫走了进来，将一些东西放在了他旁边的床上。"新的衣服，这是新的衣服，快穿上。"那个警卫说。"不，我不会穿上这些衣服的……我才不会穿一个囚犯的衣服……"基南回答道。

对我的那项有关人们会将压力视为一种恐吓抑或是一项挑战的关键因素所在的研究而言，他的这两个不明显的反抗行为就是最完美的示例。

那个因素就是控制感。

在他被劫持之初，布莱恩·基南坚定地认为，当生命安全遇到了威胁的时候，即使是在最黑暗的监禁状态，他也要保留自己的控制感。他本能地知道，在完全找不到助力的情况下，割裂一小部分的控制感对他的情感生存状态是必不可少的。监狱政权会尽全力摧毁任何一丁点的控制感，因为只有当坐牢的人在自己的脑海中修筑起了深牢大狱的高墙时，牢房才真正能起到囚禁的作用。基南拒绝让他们将这堵墙修筑到自己的心里。

基南在被囚时承受了很大的压力，但他顶住了这些压力并且存活了下来，还始终坚持写作，完成了一本广受好评的人质回忆录——《邪恶摇篮》。他那份要保留住对监禁生活中最微小事件的部分控制感的坚定决心，便是他所表现出的非凡情绪弹性的关键所在。

那些相信自己对自己的生活有些控制权的人，无论他们所处的外部客观环境如何，他们都更倾向于将压力视为某种需要去面对的挑战，而绝非某种会吓趴他们的恐吓或威胁。至于这种对生活的控制权到底有多大，他们每个人的认知则各不相同。那些像布莱恩·基南的人，对"我可以控制住发生在我生活中的很多事"这样的话，他们就会出于强烈的自我控制感而给出一个坚定的"是的"的答案，而对另一些控制感较低的人来说，他们对事情的说法可能就是"我生活中的很多事都是偶然发生的"。

在面对一些有压力的事情的时候，相比内心控制感较低的那些人而言，内心有着强烈控制感的人所制造出的压力激素皮质醇的含量通常都会更少一些，所以他们的压迫感通常也会更小一些。值得引起我们注意的是，在持续一生的时间里，较低控制感的人体内持续注入的皮质醇最终会导致被称为人脑记忆中心的海马体的萎缩，因为高剂量的皮质醇对大脑细胞是有毒性的。换句话说，他们的大脑功能从"理论上"被压力"削弱了"，而这一切都因为他们觉得自己对自己的生活缺乏足够的控制感。

布莱恩·基南在极度紧张的情况下，客观地坚守住了一小部分的控制感，这正好就证明了研究中所言及的，即我们所需要处理的其实是我们对压力的态度以及超越自身客观条件限制的控制感。

那么，这样看来，如果"没有杀死我的东西会让我变得更强大"能在一些人身上应验，那么他们一定会对发生在自己生命中的事情有着强烈的控制感，即使那种控制感是有限的，正如布莱恩·基南对绑架者的微小反抗行为那样。压力，对有些人来说，只有在自己可以对它保留一些控制感的时候，它才能被称为一种"良性"的东西。

不要将宿命与尼采混为一谈，因为宿命论认为你无法控制事态发展，这将会让你在人生的艰难时刻更感压力重重。那种压力会削弱你的应变能力，而且长此以往，它还可能会耗尽你在面对那些问题时所需要的心理承受能力。简而言之，它会耗尽你的大脑保护区——认知储备的库存。

而另一方面，感觉自己能把握住事态的发展，这不光可以降低你的压力水平，还能另辟蹊径地帮助你找到问题的解决之道，这一点我就曾在几年前到我这里来接受过治疗的那个被重伤过的保安马克身上见过到。马克已经在很大程度上得到了康复，因为他已经能从精神上"再评估"那些让自己倍感压力的事情了。对自己所遭遇的惨痛经历，他已经能够在脑海中进行改编，学会了将自己的愤怒视为焦虑，并且知道了那种袭击并非针对他个人。马克能够从这种艰难又绵长的精神折磨中走出来，能够学会改编自己的思维，这就是因为他相信自己可以掌控自己的人生和情绪。如果没有那种掌握感，他一定不可能走出那段伤心史，更不可能会享受到现在这样的治疗成效。

但这里也有一个与认知储备相关的关键点：这种大脑思维上的改编意味着激烈而持久的大脑额叶活跃性。而这样就会降低与压力相关的大脑主要情绪中心杏仁核的活跃性。所以通过对能造成压力的事件进行"重新评价"，马克不光是设法降低了自己的焦虑感和愤怒感，同时还锻炼了自己的大脑额叶。

如果你对一些事件有着更为强烈的控制感的话，那么我推测，这可能就会造成你会更喜欢将脑海中一些坏的、有压力感的事件进行改编。这种持续不断的改编就会让你运用到自己的额叶功能——与我之前发现的能够帮助老年人保持自己思维敏锐度的"认知强化"原理相似。我感到非常兴奋。是不是某种特定类型的压力能迫使我们这些有控制感的人获得某种精神活性，从而使我们的认知能力得到了强化？是不是那些记得自己在童年时代被虐待过的老年人会更倾向于将这段经历反映到自己的生活中，并且还会持续不断地想要让发生在他们身上的事变得有意义，而这种对大脑额叶反复不断的锻炼其实就起到了某种认知强化的刺激作用？

另一个因素则可能是这样的：改编这些不好的事件会导致情绪的反复剧烈波动，尤其是愤怒感和焦虑感。很可能由这类情绪反复发作而造成的去甲肾上腺素的反复注入（假设它们还不足以将你推出觉醒平衡区）在一定程度上对大脑和它的认知功能起到了一定的保护作用，尽管此时已经处于被虐待造成的严重身心问题的背景之下。

　　想象一下，如果我让你将自己的手放进一个装满了冰水的小桶里，然后坚持一段时间不要动。你也许会觉得这种由冰冻造成的痛感会给你带来压力，但令人惊奇的是，如果我让你一边把手继续放在冰桶里面，一边学习背诵一组单词，那么你会发现，相比在正常环境下，此时你会记得特别牢固。你的记忆力得到提高是因为压力能提升皮质醇和去甲肾上腺素水平，而这两种物质反过来可以暂时性地提高你的记忆力，压力会运用这两种物质让你不再轻易地从最佳觉醒点跌落下来。换句话说，有些压力能让我们的思维活动变得更强大、更活跃。

　　在这一章的前半段，我发现在七十几岁的时候承受了某些特定类型的压力——如配偶患上了某种重病，抑或是与家庭成员或邻居产生了这样那样的冲突——的人，相比那些并未有过这些经历的人，通常都具备着更为敏锐的认知能力。另外，一些异常沉重的压力，比如孩子或孙辈的死亡，却并不会产生这种保护作用。

　　我立马就意识到了这种情况应该怎样解释：在怎样照顾自己患上了中风的配偶这件事上，你应该可以找到一些控制感，在如何解决与家人的矛盾冲突上亦是如此。但在对自己的孩子或孙辈的死亡这件事上，你却束手无策——此时你完全没办法找到一丁点控制感，因此你根本战胜不了这种压力。换句话说，处理疾病或者冲突，可能会迫使你去运用自己的额叶功能来解决一些新问题，并且通过持续不断地对情况和你的反应进行"重新评估"，你可以管理好自己的情绪。如果情况不是特别严重，这种情绪的起伏可能也能够升高去甲肾上腺素的水平，因此也就增强了大脑的认知能力。

　　将这种压力视作"良性"可以让事情变得不那么绝对。比如你的人生伴侣患上中风，它本身是件令人心情沉重的事，也会造成你的压力。而与家人产生冲突也是件很痛苦的事。但这些压力会迫使你提高自己的思维活跃程度，所以说它其实也存在着一些潜在的良性方面的特征。这些压力着实是种挑战，而且挑战——如果你的心态良好的话——能增强你的大脑思维，因为它会迫使你的大脑进入一种活跃模式，强化你的认知能力。

所以，尽管情感上是非常痛苦的，但对那些一生都逃脱不了早期性虐待心理阴影的人来说，对想要与早期人生记忆达成和解的这一思维挑战，其实还是存在着一丝微茫而又彻底的希望吧？

当一个人的性格正在形成的时候，在这一人生阶段中，人生初期的性虐待经历会让大多数人都进入一种自我探索阶段，他们想要努力与发生在自己身上的事情达成心灵的和解。虐待的经历会深深嵌入一个人的个性成长史当中，并且要历经几十年的思考、情绪的焦虑、与他人的交谈和辅导，才能对这种被侵犯的记忆释怀并完全接纳自我。它就像是对"自我"这一软件的大规模改写，而且对很多人来说，这项工作也许永远没有停歇的那一天。但有件事或许又是令人欣慰的，那就是：正如我们在上一章曾总结过的那样，这种事实上永远无法停止的"重写"是发生在我们的大脑额叶部位的。这种对大脑额叶自我认识系统和自我反射系统持续不断的锻炼，可能正好是种强有力的刺激——能够经年累月地激发去甲肾上腺素的反复释放，从而对认知功能产生这种积极作用。换句话说，对惨痛的经历进行思考，可能正好就起到了强化认知的作用。

所以，是的，没能杀死我的东西能让我的认知能力变得更为强大，有了更强大的认知，我就能够更好地解决问题，也就能够更好地应对压力，因此我也就对自己的生活有了更强的控制感。对我们形成了挑战的问题其实就是一种精神刺激，它能让我们的大脑产生大量强有力的"修复性"化学物质——去甲肾上腺素，从而修筑起我们的认知储备，给予我们足够的思维能量去更好地解决新出现的问题。当然，这也取决于那个挑战只会将我们带至自身表现的顶峰，而不是庞大到让我们觉得它是不可承受之重。因为，正如我在下一章中所发现的结论那样，长期存在的、过于庞大的压力并不会让我们变得更强大。

乔安妮的电话带我走上了一段新的发现之旅，在这段旅途上，我发现有些时候，对有些人而言，糟糕的事情也能让他们的思维变得更加敏锐。但反过来又会如何呢？是否在我们的人生中，太多的好事，再加上一点点的压力才是最完美的状态呢？我真想知道啊！

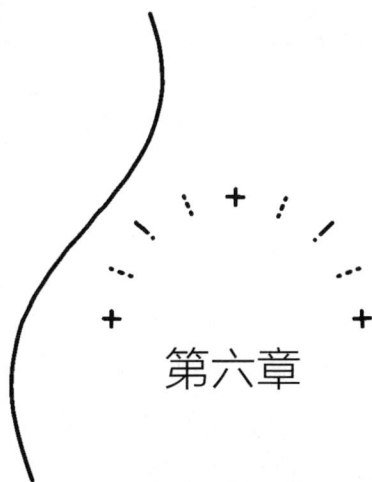

第六章

太过幸福
也未必是好事?

我听到一句嘶哑的哭喊："不要啊！回来！"我的双手在仪表盘上一阵乱抓，双脚也本能地在地板上一阵乱跺——这时我才意识到刚刚在哭喊的那个人就是我自己。

我怒目圆睁，心跳加速，视线也从眼前的路上收了回来，满眼绝望地看向我的同事，肯，他正在开车。此时他还在微笑，居然在笑！

我又大叫了一声："快停下来！"

这辆老旧残破的雷诺轿车正以超出它极限的倾斜度摇摇晃晃地拐进一条又长又看不清的弯道……而且还是逆行。我的视线边缘就矗立着一堵高高的石墙，而且我知道，不消几秒我们可能就会被从这条看不清前路的弯道上驶出的下一辆车给撞飞。

对死亡的恐惧让我发出了第三声绝望的呼号，而且看上去它终于传到了肯的耳朵里。他终于把脚从油门上抬了起来，然后用一种疯狂的、令人心搏骤停的掉头方式把车子驶回了正确的行车道。

"让——我——来——开！"我一边喘气一边咬牙切齿地对肯说。肯，此刻也笑不出来了，一把拉起手刹。车外是苏格兰空气清冽的清晨，而他则走出了驾驶座，换我来开车。当我们到达目的地的时候，他那种狂野的、落拓不羁的气场似乎已经荡然无存，我感觉他似乎已经陷入了一种忧郁的状态。

上一次我和肯同车还是在 1981 年末的某天，当时是在一辆救护车上，我要把他送去医院。当时我是和一位救护人员坐在救护车后边的一张床上，而肯则和司机坐在车前头，一路上他都妙语连珠，不断地逗乐那位司机。

对肯，我还有其他一些与交通工具相关的记忆。其中一次是跟他一起参加一场派对，然后他就带着所有人一起去外面围观他几个钟头前刚买回来的一辆锃亮的大红色跑车。当他说自己只花了十分钟就从二十公里外的汽车展厅把车开到了这场派对上的时候，我们所有人吓得脸都白了。

另外一个记忆便是那辆亮红色跑车的突然消失，传说那辆车已经被转手卖了出去，随后出现在我眼前的便是这辆小小的雷诺轿车。

与肯以及汽车相关的最后一个记忆场景，便是这辆车子满身灰尘并且看样子已经停驶了很久，它停在一套房子的外面，而肯就在另一天被另一辆救护车从那套房子里接了出来。此时的肯早已不再连珠妙语，也不再是一副生命力旺盛的样子——当他被人从家里带出来并走向那辆等待已久的救护车的时候，他看上去简直就是行尸走肉：少言寡语，弯腰驼背，眼神空洞，不再四处张望。

肯患上了双相障碍症，他身上的症状已经十分明显。他的情绪波动异常大，他要么是狂躁无比的兴奋状，要么就是过分的静默和抑郁，而当他终于蜷成一团躺在床上可以几天几天地一动不动，甚至是几周几周地一动不动的时候，终于有人叫来了救护车把他送进了医院。

当肯处于"情绪高涨"状态的时候，他会是一个聪明绝顶的好同伴，对工作，他会发挥出惊人的高智商和高超的专业技术水准。同时他也会是一个很有掌控力的领导者，他会专注于工作目标，并带领自己团队中的所有人为了达成目标而共同努力。他满身充沛的正能量非常有感染力，并且在进入他的团队后，你一定会感觉到自己进步甚大。

但当肯的情绪一再上涨的话，情况就会变得有些棘手了。他会开始感觉自己异于常人，能力超群并且还超级乐观：即使在道路上超速逆行，也不会有卡车会撞到他；没有银行会拒绝他的资金要求，他能得到自己想要的一切；而且也没有任何人的成就可以超越他。在肯的超强的生命力国度中，没有缺陷，没有风险，也没有忧虑。

肯是个肌肉男，壮硕有力。有一天他给了我一个热情的拥抱并用手箍住了我的脖子，一边还在大声地调笑，讲着笑话。而我则感觉自己快要窒息了，可是我一句话也喊不出来，因为他实在太用力了。他却完全无视了我——他的自我意识已经下降到了这样的一个点上：他把自己关进了得意忘形的茧里，在这个密闭空间里，他完全不会留意到一丁点错误和风险的存在。我的视线开始变得模糊，于是拼命用手去拉开他那弯曲又强硬的手臂，我的脑海中渐渐生出一种可怕的窒息感。

突然他就放开了我，还大声地嘲笑着我的大口喘气，仍然无视自己的所作所为。那之后没有多久，他就被救护车接走了。

我永远也不会忘记肯——事实上，即使我已经有三十年没有再见过他，当我在寻找尼采拼图的最后一块的时候，他还是适时地浮现在我的脑海中。在这一章的末尾，我会回头来告诉大家他到底给了我怎样的启发和帮助。而现在，我要讲到的则是我最早一批病人中的一个。

乔

乔的一些言行举止让我实在是说不出有什么不妥。这位又高又帅、年仅二十二岁的男孩子随意又倦怠地坐在椅子上的样子，很容易让人误会他是个傲慢无礼又过度自信的人。但事实上你又看不出他有多自信。我也实在是形容不清楚。不过马上就清楚了——他身上应该是缺少了一种气场，于是就会让人感觉他心不在焉。但到底是什么样的气场呢？精气神，驱动力，我马上就意识到了。他的气场就好像是一个从没经历过战斗却已经战败了的青年人。

乔自己也不十分清楚他为什么要来见我。经过交谈我才慢慢地明白了，原来是他的母亲和继父力劝他过来"见见别人"。而我就是那个别人，但我也还是不太清楚他为什么要到我这里来。经过交谈我又慢慢地梳理出了乔的故事：他那种软弱无力的样貌并不仅限于他的身姿——他的语言也同样漫不经心、空洞无力，始终都是一些无关痛痒的"啊""呃""所以呢"和"比如"。但是，一幅图景就这样缓慢地在我面前浮现了出来。

乔有着一个幸福的童年，他非常受大家的喜欢，活力十足又聪明，深得父母亲的宠爱。他还有两个小妹妹，成长过程无忧无虑，他们家在海边有一幢房子，可以经常享受悠长慵懒的夏日长假时光。在学校里，他也有一群关系亲密的好朋友，他赢得了许多运动奖项，学业也完成得非常不赖。他的经济条件非常宽裕，从来不用担心没钱花，当他决定花一年的时间去旅行的时候，因为见过一些寄给他最好朋友的明信片，他选择去往最具有异国情调并且与众不同的地球角落。

但之后在乔的身上就发生了一些事情——大家都知道的，祸不单行。在他十九岁的时候，刚刚进入大学的头一年，曾与他携手巡游过世界的女朋友向他提出了分手。一个月之后，他的父母也宣告了他们的离婚决定。并且就在这些事情过后不久，他考试考砸了一次，也是人生中的第一次。

乔对这些接踵而来的打击完全招架不住。他失去了生活的动力，一整个暑假都没有学习，于是补考也没有通过，被大学开除了。他曾经阳光又自信的性格完全改变了，他变得无精打采、愤世嫉俗、阴郁无比。他还开始大量吸食大麻，并且只能从事一些低层次的工作，与以前的老友们也逐渐失去了联系，终日混迹于与之前的朋友圈截然不同的流浪者们当中，渐渐地，他也迅速变成了那些人当中的一员。

乔身上到底发生了什么呢?

我实在是搞不懂乔。他自己好像也没能理清自己的感受或想法,但又让人感觉他有着非常强烈的自我意识。无论是面对生活还是面对他人所给予我们的特殊待遇,抑或是面对超越旁人的、对"我"和我的需求的偏见,我们当中有很大一部分人通常都会对自己有着更强的权利意识,以及更高的自我评价。可是一旦生活没有按你所想要的套路出牌,那么这种自恋型人格恐怕就完全束手无策了。所以说乔就是这个失落的自恋者吗? 我还蛮想知道答案的。

正如我们所讨论的那样,这样的研究或许是有一定的意义的,特别是当我想到我的研究对象是像乔这种生活在二十世纪七十年代末期这么幸福的一代人的时候:他和他的同龄人们根本不用担心失业,当他们从高中或大学毕业时,就一定能找到工作。当他们从青少年初长成人的时候,生活充满了无限的可能,而限制他们发展的东西又是如此有限。

我决定去翻看一些心理学和经济学的研究文章,事实上,我也发现了,在经济繁荣发展时期从青少年过渡到成年期的青年人通常都具备着更高水平的自恋倾向。相比之下,那些在经济的衰退期步入成年的人——比如在 2008 年经济危机时的那一代——明显都不会有过多的自恋型人格特征。

更宽松的经济和政治环境会在他们人生的关键时期塑造出他们的性格,因为正是此时,他们作为成年人的个性、价值观和人生态度正在逐渐成型。

在艰难的经济环境下成长的人通常都显得更为谨慎,会规避风险并且会感恩自己的所得:在困难时期还要努力谋生的挑战意味着他们会更加沉稳,不会人浮于事,并且很容易满足于自己所拥有的。伴随于此的是他们还会更加倾向于一种"利他"的思维模式——比如家庭、朋友、团队以及同事等——他们不会只局限于思考自己的个人需求、愿望、失望和目标。而另一方面,像乔所处的这类美好年代,人们却发育出了与之相反的个性类型——更多人都浮躁不已,非常自我中心,推崇更为自我的生活方式,而一些极端的例子便是演变成了一个自恋型的人格。

这些都与我所了解的乔的特点非常吻合。但接着我又有些疑惑，如果乔只是有一点点自恋的话，那为什么他又会变得如此落魄又随波逐流呢？

在过去的一百年间，西方国家中几乎很少有哪一个时期比二十世纪三十年代的经济状况更为糟糕——那是一个食物短缺、大量失业的年代，而且在美国，很多书籍都对当时的饥荒有过大量的描写，比如由约翰·斯坦贝克所著的那本《愤怒的葡萄》。然而在那样一个经济萧条的时代，年轻人患上心理抑郁症的比例却比现代这种繁荣时期的人患上此病的比例要低太多太多！1938 年的美国大学生在标准抑郁问卷上的平均得分是非常低的，而在克林顿治下的繁荣时期，同一水平问卷上的平均得分却高过了 1938 年间得分的 50%。

这么说来，在经济宽裕的年代，有些人不仅容易滋生出自恋倾向，他们更容易变得不快乐。相反，在经济萧条时期长大成人的年轻一代，他们不光会更乐观，更关爱他人，根据一些现实依据，他们还会因为某些原因更不容易陷入抑郁。可能在经济繁荣时期，是成长历程让乔这样的孩子变得更消极了，于是他们也就不容易获得快乐吧。但为什么会这样呢？为什么美好的年代反而会导致这样的事情发生呢？

温室里的小草

在 2012 年，当我开车前往爱尔兰西海岸的时候，我仍在思考着乔的问题，思绪飘飞之际，我突然被汽车收音机里发出的声音吸引了过去，而里面的那个人，从头到尾在说的是——小草。他在描述一些如俄罗斯大草原上的植物是怎样在艰难的生存环境中存活的，那个地方狂风呼号，很容易就会把薄薄茎叶中的液体吹干,而当狂风吹尽,春天回归,这片草原又会恢复勃勃生机。

但此时的我并非被大自然造物的这一伟大工程所震撼,我所感兴趣的是他接下来的一段话:"如果你将完全属于同一品种的草放在温室中培育,再将它转放到自然环境中去的话,那可能只消一阵风就能把它吹死。"

有一阵风轻扫过我的汽车,两边的树木也纷纷在向车后倒退消失,这是一股突然吹来的大西洋的风:我正沿着海岸在行驶,但我满脑子却在想着另一件事——画面中是一棵又高又茁壮的草叶,它身边环绕的都是一股温室的温暖气息,正是这股气息护佑着它的强壮与骄傲。乔的早期生活就像一棵温室中生长的草叶一般,而逆境则像强风一样席卷了他。

在我回到都柏林之后,我决定查找一下,看是不是有些研究可以用来支持我对乔的推测。还真的有。比如布法罗大学的研究人员就曾做过实验,他们曾向2000名左右的美国成年人询问过他们曾经历过的困难和挑战——疾病、伤痛、被殴、丧亲、严峻的财务危机,还有一些诸如洪水、地震或火灾这样的灾难等等。从2001年到2004年的三年间,研究人员持续跟进了这些人,询问并记录下他们的承压水平、生活能力和一般生活满意度。

以此为依据,我很惊奇地看到了与逆境和心理弹性相关的另一个倒置的U形曲线图。身处情况严峻的逆境的人通常都压力巨大,生活能力差强人意,对生活的满意程度也很低。但对另一些人,比如乔这样在早先的生活中完全没有经历过逆境的人来说,情况居然是一样的。相反,那些处于逆境曲线顶端的人,即有着中等压力水平的生活体验的人,在心理反应上,比另外两组人的表现要优异得多。

我发现,在一组10岁到12岁的、被收养的孩子身上,存在着一种非常相似的临界点。那些在被收养到美国之前曾有过中等压力水平体验的孩子,相比于生在本土并有着上层、中产阶级父母的、像乔一样在庇佑中长大的孩子,通常都有着更强大的压力应变能力和更强大的心理素质。在被收养前曾有过一段艰难求生岁月的孩子们,比如曾在条件很差的孤儿院生活过的那群孩子,相比于在美国出生的、从不知压力为何物的孩子，也有着相似的低度应对压力水平。在某种程度上，尼采说的话确实不错：没有杀死我的，确实让我变得强大——如果情况不是那么严重的话。

艰难的生活是怎样让人变得个性坚毅的？

想象一个装满了冰水的小桶。我让你把一只手放进去，然后让你尽可能久地保持这种状态。当你把手放进去的时候，桶里尚未化开的冰块会发出一阵细微的撞击声，接着你的整个前臂就会被一种冰冻感包围。这种冰冻的冲击力随后会慢慢变成一种抽痛。请问你可以坚持多久呢？

这种"冷加压测试"就是用来测量你对疼痛的忍耐程度的。像乔这样的人，在人生初期他们从未经历过艰辛的生活，要是他们把手放在冰水中的话，那他们所能坚持的时间肯定会比以前经历过适度艰辛的生活的人要短很多——他们根本无法忍受身体上的疼痛。对在过去的生活中经历过沉重苦难的人，情况也是一样的。所以说，对"没有杀死你的东西"会让你的意志变得更顽强这种事，其实是存在着一个临界点的。我猜它不仅是指身体上的疼痛，还有那种精神上的疼痛，比如失败感和焦虑等。

数以百万计的人都会被慢性腰痛致残，而冰水测试的结果也适用于这类人：比起在生活中体会过适度挫折和困难的人，那些从来不知道腰痛也会致残并且还会搞得你整个人压力山大的人通常都会用到更多的止痛药。

但为什么会发生这种"精神增韧"呢？那些从来不知道逆境为何物的人，最终都会因为身体的疼痛而被席卷进他们所谓的"灾难"之中。这意味着他们对此的想法是"这种疼痛简直是要了我的命"，还有"我真的无法忍受了"。

但如果在此之前你已经经历过一定程度的精神或身体上的疼痛，那么你就会知道自己"可以"忍受它，而且它也"不会"要了你的老命。

"没有杀死你的东西"能给你一个至关重要的经验教训：大多数时候，困难的时期总是会过去的。如果你总也没机会得到这个教训的话，那么即使是一些很小的事，比如把你的手放入冰水所造成的那种疼痛，都会让你觉得它是一个威胁而不是一种小小的不适；但生活并不会提前给世界上所有像乔这样的人一些真正的心理或生理创伤，那他们又怎么能去得到这些经验教训呢？而且因为被疼痛"击败"所造成的失控感是一种很可怕的想法，它会加重你的焦虑，并且还会进一步削弱你在面对疼痛时的顽强精神。

以下就是我对逆境的研究结果，这都多亏了乔：如果情况不是那么严重的话，逆境可以教会我们的是，坏的事情最终将会过去。它还会带给我们一些生理上的"觉醒"症状——心跳加快、手掌冒汗等，于是我们便不会对这些因威胁而产生的自然反应感到害怕。

如果在过去的时光中，在你身上曾发生过一些很严重的事，但你已经顺利地从那种境况下走了出来，那么与压力相关的所有想法、焦虑及身体反应对你来说便不会是陌生的，而且——最重要的是——你会知道最终一切都将回归正常生活轨道。从心理学上来说，这就好比给你打了一种能预防疾病的疫苗：你的身体曾被暴露于一些已经被削弱了或死亡了的细菌或病毒面前，然后它就此产生了抗体，从此你便能用它来防御更为真实的人生境遇。

在中央公园跑步

那是在 2012 年 10 月，当时我刚刚到美国，准备在那里好好休个假。从我们位于上西区的公寓第十四楼的窗户往外看去，我开始还以为纽约天际线处的那道墨蓝色的闪光是一阵闪电，后来才发现它是从地面上延伸上去的。接着我就只看到变电站的电光好像被洪水袭击了那样，噼里啪啦地发出巨响。我们这幢不曾刷新过的公寓上的古老木头窗户在止不住地瑟瑟发抖，并发出咯咯的响声，面对超级飓风"桑迪"刮过来的每一阵狂风，我们这幢楼就好像是一位严阵以待又明显精力不济的老太太一样在负隅顽抗着。

整个曼哈顿南部都陷入了世界末日般的黑暗当中，就像几亿加仑的海水奔涌进了所有地铁和建筑物一般。但因为我的坐标位于比这个拥挤岛屿的海拔要高五十多英尺的地方，我便仍可以斗志昂扬容光焕发地坐在家里，倔强地享受着这股风暴，而我的笔记本电脑则放我的膝盖上，正如我休假第一天时迎头遇上的那道难题那样，静静摊开着，任由我对着它进行思考。

我在哥伦比亚大学的同事，雅科夫·斯特恩，以及他带领的那支我也花了几个月的时间与之共同奋斗的研究团队，一起创造出了"认知储备"这一专业术语。正如我在上一章中所谈及的一样，几个诸如教育之类的认知储备元素似乎能够对痴呆症起到一定的保护作用。雅科夫想要探寻的问题则在于：大脑中是否存在某些特定部位允许认知储备发挥其保护作用呢？

现在，在我一个多月的居留期间，在找到这个问题的答案方面，我仍然没有什么进展，而且我还生出了一种自己之前很可能在浪费休假时间的恐惧感，这种感觉还萦绕在心头迟迟不散。这也是在美国历史上破坏力第二大的飓风来临的时候，我仍然要坐在电脑前面的原因。我正在对雅科夫的问题进行研究，而不是在品尝美酒，品尝我在飓风前的应急酒品店里排队买来的美酒。顺便说一句，那条队伍恐怕比任何一条食品商店门口的队伍都要长得多！当飓风仍然在这座城市里肆意作乱的时候，我也准备上床睡觉了。

第二天，当我出门沿着西第 86 号街去往离我两个街区之遥的中央公园晨跑的时候，我发现所有的街道都显露出惊人的空旷。我看到公园里有几棵树伏倒在地上，而入口处则挂上了"禁止入内"的标志牌。但围着公园湖泊跑步能给我带来一种前所未有的兴奋与满足感，而我又是如此珍视这座美妙城市所能带给我的这种感觉，于是这一切驱使着我跨过了那块警示牌，步入了公园。

半路上我开始沿着湖的东边跑步，避开了通常来说被晨跑者们——尤其是纽约特有的八十到九十岁的老人——挤得熙熙攘攘的寻常路线。突然有人伸出来一只手，挡住了我的去路。原来是一个警察，他的脸上还显露出一种非常严肃的表情。

"你知道公园今天关闭了吗？"

"知道啊。"

"但你还是跨过那个标志进到里面来了。"

"是的。"

我的心跳有些加速了，应该是他的那种气势让我觉得他很可能给我发一张法院传票过来。

"你的做法简直是愚蠢到家了。"

我才不这么觉得呢，只是有几棵树倒了下来而已，尽管我觉得也许会有哪棵树在风暴后变得有些不稳当，然后倒下来砸中我。但这种概率也太小了，比走在街上突然有片瓦掉下来砸到我的头的概率还要小。但你绝不可以跟一名纽约警察进行争辩。

"是的，非常抱歉，我不应该这样。"

他用大拇指指着东边并向我咆哮道："赶快从公园里出去。"

于是我带着一种复杂的情绪朝着离我最近的一个门开始慢跑——它是一种解脱感，因为我从那种可能会有警察发给我一张传票的焦虑中逃脱了出来，而心中最为强烈的则是另一种非常尖锐的尴尬感。我，一位满头白发的教授，居然被人抓住了，而且还是像一个淘气的小男孩那样，被年龄只有我一半那么大的警察给抓住一顿臭骂。

当我沿着公园的那条弯道一路小跑回到住处之后——我有足够的时间在这条比平时要长并且还很单调的慢跑之路上进行思考——我开始思考我在与那名

警察交锋时所做出的反应。

第一是我的心跳，它比平时跳得要快多了——这来源于我对那位睡眠不足又脾气暴躁的警察可能会给我一张传票的恐惧。第二，我对身边环境开始感到高度紧张与警觉——好像我的大脑在仔细扫描周围，看会不会突然跳出来另一名警察那样。第三，我产生了一种强烈的陌生感——一切都是那么"新鲜"，包括空荡荡的街道，倒在一旁的树，还有这座城市所发散出的神秘的寂静感。

但还有一件事盖过了上面所有——我的自我意识。就在这场正面交锋过后，我的大脑始终在思考着我无视那块警示牌的对处与错处。在思考的时候，我能感觉到自己在进行一种心理上的自我修复，我在试图说服自己承认我仍然是个守法、有自我保护意识、有责任心且受人尊敬的公民。

现在，我正沿着公园边沿的西侧行走，源自我内心深处的自我意识的焦躁不安也慢慢被另一种思绪取代，我好像隐约找到了雅科夫的问题的答案。我所体会到的这种不安，最开始是由唤醒所引发的、与恐惧感和尴尬感相关的一种症状，正如我之前就已经知道的那样，去甲肾上腺素在这些症状中起到了一个关键的作用。在到达纽约之前，我就曾发表过一篇论文，提出了雅科夫的认知储备的建立很可能是由于大脑被重复注入了能增加其机能的去甲肾上腺素的理论。我也知道适度的压力对老年人的认知功能存在着积极的影响，而这一效果也很有可能是通过去甲肾上腺素达到的。

在我漫长且自我意识复苏的回家之路上，我突然意识到应该怎样来回答雅科夫的问题了：去甲肾上腺素对认知储备来说至关重要，所以我现在必须要做的事就是找出去甲肾上腺素的特殊又重大的功能究竟是在大脑的哪个神经网络中枢上发挥着作用。安全到家之后，带着一点小小的负罪感，我洗了个澡又用完了早餐，接着就开始着手寻找答案了。

我花了好几天的时间精读了大量的研究论文，好在答案是显而易见的。去甲肾上腺素位于四种大脑神经网络中枢的核心之处。第一，是唤醒和警觉。第二，是注意，尤其是持续性的注意。第三，是对新奇事件的回应——意想不到的事件会触发大脑中去甲肾上腺素的大量分泌。而第四种是什么呢？是自我意识。

　　这一发现的引人注目之处则在于，我是在带着负罪感从公园到回家的路上，通过自身感受留心到身上的四种变化的。这种小小的压力不光会造成心跳加速、注意力集中、让周边事物变得新鲜又陌生，它还带领着"我""我自己"进入了我意识关注的焦点。它让我的自知能力，或者说是自我意识，在让我感觉如此不适的情境之下，用一种更好的方式表达了出来。

　　我终于有了一些结论，如警觉和唤醒对实现尼采所言是非常重要的（第一章和第四章），注意力在巩固我们的情绪和感情方面也是至关重要的（第二章和第三章）。同样，新奇的事物会通过促进大脑神经中枢的联系而增强我们的意志力，它也非常重要（第五章），然而自我意识呢，它就非常卓尔不群了，在寻找尼采名言中的那个临界点的道路上，在所有相关因素中，它是唯一一个我从未联想到的因素，而且更重要的是，对与乔相关的那个难题，它也为我们在认识方面敲响了一记洪亮的钟声。

我和我的关系

　　之前我没有把精力放在研究乔的病例上的原因是这样的。尽管他态度冷漠并且表现出了厌世的倾向，但有件事仍然是显而易见的，在乔的脑海中，几乎百分之百的时间里，他最关注的人都只是……他自己。对乔，我可以很确定地说，虽然他不是一个彻头彻尾的自我陶醉者，但他就是有些自恋，而且给人的感觉很不舒服。他呈现给别人的印象就是他无时无刻不在关注着自己，当他在说话的时候，仿佛也只听得见自己在说什么。其实这样做的话，需要动用到宝贵的心理资源，所以乔这种缓慢而又漫不经心的举止就可以有理有据地解释为：

他的大脑中充斥着的只有"乔的思想"。

我们每个人都会时时注意到自己——在中央公园碰到那位生气的警察之后，我就是这么做的。但是在那个事件之前，我的思维却在关注着远方那片美丽的曼哈顿的天际线，而与"我"有关的意识只是偶尔会在脑海中路过一下。

在"桑迪"飓风过境的混乱时刻，地铁已经关闭，空荡荡的街道上只有清洁工们在工作，我在家里安顿好一切，开始阅读一些有关自我意识学科的论文。结论也很清楚，像乔这样的情况，如果你的大脑总是过多地关注着自己，那么一般来说，这只会让你觉得自己非常不快乐，还会非常焦虑。但也有个例外，那就是如果你能设法只关注自己身上一些积极的事，比如想到你的资产和事业家庭方面的成就的话，你的情绪就应该能得到提升。但积极的自我关注会消耗一些思维空间，而且也会让别人觉得你这个人很无趣。

看来在对乔的理解上，我又有了新的进展，但对雅科夫的那个有关认知储备的问题，我又应该从哪里着手呢？我觉得我应该将注意力放到认知过程上来，它涉及唤醒、注意、新奇感和意识，后来我就发现了我们的右脑，特别是右额叶，与这些因素紧密相关。

所以呢，在四项与去甲肾上腺素相关的认知功能中，我已经发现了三项，即唤醒、注意和意识。不光是在我们自己的，在其他一些研究人员的研究中也明确显示出了它们与大脑右侧的神经中枢存在着关联，尤其是右额叶以及右顶叶。这也就说明了它们与第四项去甲肾上腺素的功能——新奇感密切相关。所以，还是要多谢我在中央公园与那位纽约警察相遇的屈辱经历，我终于为雅科夫·斯特恩找到了问题的答案：大脑的右半球，尤其是它的额叶和顶叶部位，就是认知储备网络所在的最佳候选地点。而且在我看来，为对抗痴呆症而创建身体与意志弹性的这些过程，同时也能极好地适用于对抗一些需要你去直面的压力体验。

重新思考"我"

乔似乎不能很好地协调这两者间的冲突，即过去那个理想化的、成功的他与现在这个——至少在他眼中是——令人不满的他。怎样才能让他接受现在的自己，并且忘记曾经的那个自己呢？

我曾经见过很多不得不接受发生在"我"身上的戏剧性变化的人，他们的变化程度比乔现在所面临的都要大得多。有些很聪慧又漂亮的年轻的男人或女人，他们曾经的社交生活丰富多彩，前途也是一片光明，但突然间就在一场车祸中伤到了大脑，接着便失去了工作，与曾经的交际圈也断了联系，他们的生活从此完全被颠覆，只能回到家中整日与年迈的父母生活在一起。

另外一些则可能是家中有些男性或女性的亲人，在风华正茂的时候突然患上了中风或其他一些神经类疾病，转眼间，他们便从家里或单位里的顶梁柱，变成了时时处处需要其他人照顾的孱弱病人。

相比之下，乔的事便显得那样微不足道，而人们又是怎样去处理与他相似的那种压力的呢？我看到很多人都会因为被单位辞退而郁郁寡欢。还有一些人在看到一些不公平的事之后，他们会生气、会愤懑、会折磨自己以及他们所爱的人。更有一些人，像第三章中提到的保罗那样，对突发的残疾会表现出一种出人意料的平静，看上去这事根本没有影响到他，但这种人，我也是到现在才明白，那是因为他们大脑中掌管自我意识的部位已经被中风或其他头部伤害给破坏了。

但还有一小部分属于第四种人，他们似乎仍然能从自己一段可怕的低潮期中发现一些积极的事物。在我眼里，这类人才是真正能做到"杀不死我的，能让我变得更强大"的人。我脑海中印象最深的那个便是格里。他曾经是一名工程师，有一次工地上的一块混凝土砸中了他，对他造成了严重的脑部伤害，从此他无法再继续工作。然而他的自我意识却并没有受到影响，在经历了几个月的极度悲痛与消沉的黑暗时光之后，他从最初的昏迷状态中走了出来，开始直面自己需要去应对的困境。他能强烈地意识到自己那尴尬又笨拙的语言表达以及蹒跚的步态已然将他与自己以前的朋友圈隔绝开来。

但是，渐渐地，格里似乎接受了自己的新生活。他变得越来越放松，也不再过分纠结于那些自己无法完成的事。相反，他开始谈论自己是如何开始作画的——在过去，他从来不曾做过这件事。他开始描绘一些色彩浓艳的图画，这些图画所表达出的情感如孩子般天真，甚至还能从中看出某种天赋的存在，而他越是沉浸在自己的艺术世界中，他的抑郁就流逝得越快。

在我以前的那些病人中，有一组人可以从自己那可怕的残疾中发现一些积极的东西，而格里就是其中之一。所有没能杀死他们的东西，都让他们的意志力变得更强大了。但我一想到这群人，我才发现，为了找到那种力量，有两样东西是必不可少的。首先就是一种足够坦率的自我意识力：只有当你能清楚明白自身的新的局限性，了解自己当下能干些什么，那么你才能做出改变。这一过程必定是异常痛苦和艰难的，格里就是花了差不多两年的时间才遗忘并最终放弃了自己曾经的理想。

第二种能帮助我们在困境中找到事物积极一面的至关重要的因素便是我曾在第三章中提及的"坚持下去"的坚定信念与勇气。在艰难时期一往无前地"贴近"而不是回避，哪怕你并不确定自己正奔向什么目标，只是简单地朝着目标"坚持下去"。格里强迫自己进入了贴近模式并努力尝试着开始画画：孤独感会让他绝望，而且他也对远离职场又没什么社交的留守生活感到厌倦。格里身上不光有自我意识，他也有坚持下去的能力。而乔所拥有的只不过是过度的自我意识而已，他没有学会什么是坚持。

当我在讲述格里这样的人的故事的时候，人们往往会觉得我是盲目乐观了，但他那样的故事也绝非什么奇闻逸事——我发现很多研究也证明了这一点。以脊髓损伤造成的瘫痪为例，在受伤后遭遇了截瘫和四肢瘫痪的情况下，生活了一年或更多年的人的精神状态是怎样的呢？要回答这个问题，你得去找谁进行询问与比对呢？

理想情况下，你应该将他们与一组同样经历过某个戏剧性的、超出了他们想象的事件并因此而改变了他们原有生活的人进行对比。伊利诺伊的研究人员就有这么一个明智的想法。他们将一组共二十二名彩票中奖者作为对照组，与另外二十九名因脊髓损伤而瘫痪的人进行了跟踪对比。而结果则是令人大跌眼镜——在生活轨道改变了一年之后，这两组人对生活的满意程度居然相差无几。

与此同时，我的一位名叫乔安妮·科林库特的牛津大学同事，她对有格里这种类型问题的——外伤型脑损伤的人也进行了研究。她采访了一组受伤约七个月之后的病人，另一组被采访的人则大约已经受伤有十年之久。她想知道这些人当中是否会有人显示出所谓的"创伤后成长"的特征，换句话说，其实就是像格里所表现出来的那样，在经历了一段可怕的事故后，他们的内心反而生出了一种更为积极的人生理念。

她也确实发现很多人身上都体现出了这种积极性，因为他们经常会发出类似"我每天都活得很感恩""我觉得我和他人的关系非常亲密""我觉得自己更加独立了"，以及"我又发现了一种新的兴趣爱好"这样的感叹。有一位女性甚至对研究人员说，她一生所经历过的最好的事便是这场脑部损伤（另一件便是与她的丈夫离婚）。

科林库特的病人们便是对尼采那句名言的最佳注解——没能将他们杀死的东西，确实让他们变得更加强大了。像伊利诺伊的截瘫患者一样，他们学会了欣赏生活中的一些小事，学会了改变自己看待外界事物以及评价自身的眼光，放弃了已经不再适用于自己的评判标准，比如成功的事业、赚钱的能力以及社会地位，等等。

为了自尊而放弃这些准则是件相当不容易的事。格里就花了许多年的时间才真正放下了对他的事业、收入以及社交圈悉数崩塌的失落感，然后才开始对自己的绘画者身份感到满足，并学会了像普通人那样，安然享受生命中的每一刻。要做到这一切的唯一办法便是深刻地认识自己，尤其是要对发生在自己身上的事有个客观的"再评价"。随着我对这一过程的深入研究——这也是我们每个人最终都会做的事情之一——我发现有两种截然不同的方法可以用来评价发生在你身上的事。一种是对你所处的环境进行评价，另一种则是对你自身进行评价。

举一个评价环境的例子：如果你在茶水间碰到了一个同事，你只是发表了几句无心的评价，他却大发雷霆，把你斥责一通。这可能会造成你的焦虑、愤怒和无所适从。但接下来你可以这样想："嗯，我赌他这个周末一定过得很糟糕，他一定会感觉很郁闷啊！"于是你马上就会感觉自己心里舒服多了。因为你对环境进行了一番"再评估"。

再举一个评价自身的例子：还是那个同事，他把你大骂了一通，这就让你感觉非常不爽了。接着你看到他立即恢复了情绪，马上就能与其他同事轻松愉快地相处。这时你就会意识到这一切与环境无关——与你有关。据你所知，你并没有做什么令他不悦的事，而且当你去问他的时候，他也承认了你并没有招惹他。可是他仍然故我，继续在用一种非常消极的方式对待你。

在后面这种情况中，你的感觉可能会更糟糕，因为被他人拒绝是最让我们人类倍感压力的事，而我的理由也很充足。在我们人类漫长的进化历程中，被族群拒绝就意味着你可能会被敌人或其他动物杀死。而且被社会拒绝会让我们感觉异常痛苦，它甚至能打开相关的大脑开关，让我们产生真正的生理不适——事实上，吃颗阿司匹林真的能让你感觉好一点！

所以当你的同事毫无理由地拒绝了你的时候，你会感觉到莫大的压力和焦虑。那种压力主要就来源于你脑海中的那个巨大问号："我可能做错了什么事吧？"你内心宝贵的自我便处于沉重的压力之下，而且你也无法对这个环境拿出一个再评估来释放自己。于是在这个时候，对自我的再评估就浮现了出来，同时浮现出的还有另一件事，而当我想到那些勇敢的人在大脑或脊髓受伤后极力说服自己接受这一重大伤害的时候，我就很想找到一个词语来形容这件事。那个词就是距离感。

距离感意味着走出自我的这个樊笼。当我感觉轻松又愉快的时候，或者可能当我抱着一种戏谑或反思的心情的时候，我偶尔会从自我中跳脱出来——也许我会笑话自己，或者自我嘲讽身上的一些习性。这就是距离感。但当我处于威胁之下的时候，比如在一场商业洽谈中被竞争对手公开批评，那么情况就完全不同了，我根本没办法从那个笼子里跑出去。相反，我会深入其中，布置好我的安全防卫体系以保护好它，我会焦急地扫描全身以找到一些可能的损坏，防微杜渐。此时，距离感全无，我也没办法再拿出玩世不恭的心态，自我意识中充斥着的焦虑感会摧毁我的睡眠，并占据我每一刻的清醒时分。就像乔所表现出的那样。

对自我进行再评估非常困难，但如果你能经常练习的话，情况就会好很多。这意味着在短时间内跳出"自我"的笼子也是可行的，这是因为我们人类的大脑存在着一种显著的"监视自我"的能力。

自我再评价意味着面对发生在自己身上的事的时候，能够全盘接受现实。如果我的同事因为某种原因没有做出解释，可是他又确实表现出了不喜欢我的样子，那么我还是可以对自己做个再评价以改变这一事件对我造成的影响，让它不要成为一个过大的心理威胁。比如，我可以对自己说，还有其他那么多同事喜欢我呢，而且如果他对我有那么大敌意的话，那肯定也不是我的问题。距离感只是一种处理方法，但它也是帮助人们在逆境中降低焦虑感的最有效的方法。比如也许你曾经被告知过自己会被辞退，如果你因此而担心金钱或者生存这类实实在在的问题，那么多少还是有点意义的，但如果你因为觉得失去工作是一种对"自己"的威胁，并且纵容它变成你的焦虑的巨大来源，那就完全没必要了。

我猜很多我曾经的、不幸遭遇了重大残疾的病人都是因为学会了从一定的距离之外看待自己，才得以安然地存活至今。可能他们就是用一些诸如"我不是因为我的工作""我不是因为我的性能力"和"我不是因为我的双腿"等等这类想法来进行再评价的。

我觉得自己现在已经对"创伤后成长"有了一些更为深刻的理解。它不光包含着撤退，它里面还包含着贴近。是的，在面对失败的时候你需要"坚持下去"，但你首先要做的却是要从旧的自我的旧的目标中撤退回来。我好像突然就想通了，为了让自己在没有把你逼死的事情中变得更强大，你就应该找到一种方法，同时有效利用到自己的右侧和左侧大脑，而这也必定会将你带入一种远比简单的快乐要复杂得多的情绪状态中去。

而这也完全符合乔安妮·科林库特的发现。从她的病人们身上都能看出，在脑部受伤后，他们在经历了最为巨大的创伤后成长的同时，也感觉到了最为严重的焦虑。准确地说，那是隐藏在尼采的有关人能变得更强大的设想背后的一种相当复杂的混合型情绪。

这种混合型情绪难以用简单的语言描绘，它非常不简单，而且永远也不会让人感觉十分舒适。但也许就是这样一种尖锐的情感才能让那些没有在逆境中被杀死反而变得强大了的人感觉自己还有活路可奔。我猜它之所以有这样的作用，是因为它将左额叶神经中枢中包含着的积极和始终关注目标的特质与右额叶神经中枢包含着戒备、疏离以及略带焦虑的自我意识的特质融合到了一起。

我发现上述研究还支持了以下观点：对"某种环境"（我的同事可能周末过得非常不愉快）进行重新思考会趋向于激活左额叶的功能，而"自我再评价"（当不被人喜欢的痛苦发生时，将自己置身于事外）则会打开右额叶功能的开关。这种贴近与回避之间的微妙平衡能支撑我们在面对一些糟糕的人生挫折时变得更为强大，同时它们还会在大脑机能上有相应的体现。

自我的临界点

我把肯的故事放在了本章的开头部分，当时在那条苏格兰公路上，他几乎就要把我害死了。在肯的身上，我们就能看到大脑内部贴近与回避模式之间的争夺，而且就是在他的大脑中，这种争夺尤为极端。在这两种模式之间，肯几乎永远无法达到那种平衡状态，这也是他身上的悲剧所在。如果他能够达到那种位于临界点的完美平衡的话，他绝对会是个才华卓绝、令人倾慕的人，但很不幸的是，他好像永远也没办法在平衡区域待得更久一点。

正如我们所预料的那样，在双相型情感障碍症活跃的时候，人的大脑左额叶的活性是相当强的，这有助于你成为一名目光长远、永不言弃、野心勃勃的外向型的人。当你陷入低迷情绪、抑郁状态的时候，右额叶便开始占据主导地位，它会带来焦虑、拘谨、回避和面对风险时的退缩与悲观，它会让你变得爱犯错，继而走向失败的境地。

乔并没有受到双相型情感障碍症的折磨，但他被卡在了一个相对温和而持续时间又过长的回避区间当中，他情绪低迷、内心焦虑、自我关注度高。他需要向平衡区走近，而如果他能做到的话，那么相比可怜的肯，他就会发现自己想要维持这个平衡并不会太难。

当我想起肯，我就觉得自己的结论可以在他的身上得到证实：在坏的事情发生之后，想要变得更强大的话，你需要去寻找的一样东西便是"平衡"。我觉得它并非贴近与回避、乐观与悲观、寻求奖励与惩罚之间的平衡，而是"自我"的一种平衡——一种内心的临界点。

当肯处于活跃模式的时候，他会表现得精力超群又乐观开朗，但最重要的是，他会渴望得到奖励，乐于去获取新的目标，追求快乐。当我进一步对此进行研究时，我发现处于双相情感障碍症的上升期的病人身上确实存在一个高度亢奋的快感中心，同时也是奖励中枢的一部分——就在大脑中所谓的腹侧纹状体当中。

而且像肯这样一个超级有活力的快感中心在另一种类型的人身上你也能找到——可卡因服用者。可卡因也会让你感觉精力充沛、乐观自信且能力超群。事实上，有相当一部分的评论家都推测，被华尔街和伦敦的银行家以及金融交易者们广泛使用的可卡因也许要对 2008 年的全球金融危机负一些责任。臭名昭著的骗子伯尼·麦道夫的办公室以其"北极"的绰号被大众周知，原因就是警察在那里找到了大量的"雪花"（可卡因药粉）。

肯的大脑中就像安装了一台涡轮增压发动机般的贴近系统让他的财务走向了崩溃，但至少他还无法摧毁全球金融体系。但就像那些服用了可卡因的金融人士一样，他的自我意识是迟钝的，尤其是在进行风险评估的时候。而我付出的成本则是在苏格兰山区的那次恐怖的行车经历。

但如果你想要进入不那么极端的、与肯类似的意识状态中的时候，你也不需要去服用可卡因。大多数时候，我们当中的大多数人，都只会让自己极度关注日常生活中的任务与目标，我们的精神只会在这样的一个区域中游走。有时候，这个区域内就是一些例行公事般的磨人的事，但有时候它里面也会有一些具备高度前瞻性的事，比如对未来的职务晋升、社会地位或财务状况提升的一种期待。

如果在贴近模式中用力过猛，内心期待着过多的回报，那么它也会不可避免地抑制住你大脑右侧的回避系统。另一方面，它也能抑制住你的焦虑并让你"坚持下去"。然而这样做的话，它最主要的负面影响还是在于削弱了你的自我意识。你可能也认识一些取得了成功的人，成功也可能会让他们变得"没脑子"，让他们看上去显得有些傲慢、自我中心，而且还会无视其他人的利益与感情。

可能这样做的话，最大的代价还是在于你无法继续去"评价"你自己，在面对生活的挑战的时候，你可能会逐渐丧失调节能力。在进行自我再评估的时候，自我意识是至关重要的，但如果在持续追求奖励时让自我意识变得迟钝了，那么自我的"成长"脚步就会放慢不少。

这里所说的"成长"，指的是一种不那么戏剧化的个人发展历程，而不是像我的那位工程师病人格里那种，他是因为自己的脑部受伤而不得不去接受命运的安排。格里在人生挑战中占到上风是因为他发现生活其实是种苦中作乐的滋味——即使你没法再出去工作了；即使你失去了自己的很多老朋友；即使你讲起话来含混不清、令人费解；甚至即使你的脚已经跛了，在不相识的路人看来，你走起路来已经是一副一瘸一拐的样子。

我们所有人其实都一样，当你或他在职业生涯、体力或情爱关系上已经无法保持在巅峰状态的时候，到最后，大家都不得不像格里一样做出调整。如果我们被更为年轻的一代所取代，无法成为"顶尖"的那个人的时候，我们肯定会气馁，会不甘心。社会上就有一些这样的男性或女性，当他们青春的容颜逝去，他们就会发现自己很难去接受这个现实，而另一些人在工作中不得不放弃自己位于金字塔尖的地位时，也会表现得痛苦无比。但无论如何，与突然发生了瘫痪或者脑部损伤这类事情相比，这些挑战实在是显得太微不足道。

所以，最后是时候解决尼采所提出的谜题了——为了在逆境中变得更强大，你必须去找到自己身上那个能够很好地平衡内心的临界点。当有坏事发生的时候，你会得到成长抑或是沉沦，这取决于你内心贴近与回避之间的斗争。在人生的艰难时刻，乔的自我就没能得到成长——他陷入了回避所带来的焦虑当中，然后他的人生就此陷入困境。格里得到了成长，但他也是在经历过一段彻底的撤退、回避与绝望时光后才获得新生的。重塑自我绝不是一件赏心悦目又轻而易举的事。

法国有句古话叫 reculer pour mieux sauter——"后退是为了更好地前行"，也就是我们耳熟能详的"以退为进"，这句话就适用于尼采。有时候，当你在困境中感觉自己已经寸步难行的时候，要坚持下去还是放弃呢？有时候你可能只需要"reculer"就好，这就是说，收起你前进的脚步，将自己拉回到这样一个区域中来，这里面有焦虑、有警惕、有回避，甚至可能还有沮丧。

自我意识可能会令人非常痛苦，而且很多人终其一生都在用各种办法来回避它，比如加班、酗酒、嗑药、强迫性交，甚至是去健身房里故意消耗体力等。所以，我们始终应该学会的是"拉回"，为贴近系统所赐予你的极度渴望向前奔走的步伐按下一个"暂停键"。

如果我们不那样做的话，那么最终我们可能会碰到一个障碍，那是一个软弱的自我、一个无法进行再评价的自我、一个不会在逆境中变得更坚强的自我，并且这个障碍非常难以逾越。乔就是因为太早就需要去面对这个现实，才付出了后来那样沉重的代价。

但我想到了自己以前的一些完全反其道而行之的病人——在自我意识尚不明确的时候，他们却执意要继续盲目地向前走。他们当中很多人酗酒，或者正走在成为一名酒鬼的路上。我记得其中有一个年轻人——欧文，他也来找过我。是他的医生把他介绍过来的，因为他注意到欧文实在喝得太多了。欧文经营着好几家酒吧，而且为了维持他这项成功的事业，他每天都需要进行长时间的工作。

"在三十岁前，我一定要成为一名百万富翁。我现在就在努力呢！"欧文自夸道。但他喝了太多的酒了，而且也从来没办法与哪位女性保持一段长期的伴侣关系。他的医生也在肝功能检查中查出来他已经饮酒过量。但是他仍然带着自己要在三十岁前成为百万富翁的人生目标，终日处于一种满格的贴近模式中。他几乎就要达成自己的目标了，而我也可以得出结论，在他的狂热背后，想要达成目标的愿望或许会像个气球那样一戳就破。我还能看出他已经感觉到焦虑了，而他的酗酒很大程度上其实就是对焦虑的一种反应。

接下来事情会怎样呢？我知道他已经被自己的想法困住了，但他已经无法走出贴近模式。从十六岁开始，欧文就已经一意孤行地朝着自己要在三十岁前成为百万富翁的目标而努力着，而现在，他终于快达成目标了。问题就出在这里，其实我也是到现在才意识到，也算是马后炮吧：问题就出在他的目标就快要实现了。正是因为他的一意孤行，他每天超过十六个钟头的工作都是为了达到自己的单一目标，所以他的自我始终就栖息在一个短小的枝丫之上，从来没有得到过成长或发育。

我发现他就像那些伊利诺伊的彩票中奖者一样，最后他们甚至并不比在事故中受伤瘫痪的人更快乐。事实上，我都怀疑他最后可能还不如我的那些大脑和脊髓损伤的病人快乐。因为欧文的自我对生活的立足点是那样狭窄，而且他还很可能会继续一直喝下去，喝下更多的酒，以避免自己对这一事实的认识。

然而，有些事还是告诉我，相比单纯的自我意识，在"拉回"之外，需要做的事其实还有很多。现在就有一个问题：如果欧文戒了酒，也调慢了他的贴近模式，并且通过自我意识将自己"拉回"到一个反省的状态中，那么他接下来要做的是什么呢？他不知道。这种想法一定是吓到了他。所以他会继续喝下那么多的酒也就不足为奇了。

我想，相比单纯地对自我进行再评价，想要找到平衡的话，我们需要做的事情还有很多：如果我失去了自己的双腿、我的视力、我的工作、我的社会地位或人生目标，那我就必须为我的自尊找到一个新的立身之本。为了做到这一点，我需要的是什么呢？是创造力。通过那句"没能将我杀死的东西让我变得更强大"的话，我必须依据自我评价创造出新的奋斗目标。而这也不是件容易的事。

所以我又回到了研究本身。如果你从贴近模式中拉回了自己，转而投身于回避模式，这是否能为你提供更多的创造力呢？这绝非一个随机的问题，因为已经有很多证据都已暗示了创造力、"发散性"的思维是存在于右半边大脑之中的。我们都知道回避模式就是由大脑右半球主导的，所以当我预言回避模式可能会为我们提供更多创造力时，我的提法也并非完全一无是处——毫无疑问，在经历一场大的变故之后，在我不得不去找到一个新的目标的时候，创造力绝对是此时我急需的东西。

证据就在这里：参加实验的人都被要求解答一类名为"直觉考题"的试题。这是一种无法用逻辑和缜密性思维来回答的问题，解答这类问题需要的是以自由、发散的思维为核心的创造力。相比缜密性思维，发散性思维建立在一种更加微弱也非常不明显的想法与理念之上。比如，找到与以下三个词存在关联的另一个词：牙齿、心脏、土豆。这道题目的答案绝对无法用严谨的逻辑思维来推导，它的答案是一个相当"剑走偏锋"的词——甜蜜。再比如这道题：光线、生日、棍子，也是找出一个与它们相关的词。还有这道：正确、小猫、碳（答案在下一段的末尾）。

在测试中，在正式回答这些问题之前，有一组人都被要求用他们的左手捏一个橡胶球约 45 秒并将此动作重复四次，中间可以稍做休息。与双手没有活动过的对照组对比后我们发现，这组人能够回答出更多与创造力相关的试题。原因就在于他们激活了自己的右侧大脑机能，让回避模式发挥了效用。有另一项实验同样证实了刺激大脑右额叶能提高人的创造力。（上一段中，三个关联词的问题的答案分别是：蜡烛和复印。）

它是怎样做到的呢？发挥创造力的最大障碍就是要推翻之前的假设，无视你当前的看法然后睁大眼睛去寻找一个截然不同的答案。而这些完全就是回避模式的内涵所在——你要改变自己眼下所追求的目标，扩大你的注意力范围，并且时时要带着焦虑去搜寻威胁之所在。但在做这些事情的时候，你就会不自觉地放宽自己的心理界限，对一些新的观念、新的想法和新的演绎敞开胸怀——新的机会也由此向你敞开了大门。

所以，我就找到了自己一直在寻找的"拉回"所能带来的另一个好处——在面对巨大损失的时候，通过自我评估你便能想象出创造性解决方案的潜力。我觉得"拉回"并不一定是件非常糟糕的事，恰恰相反，当你完全沉湎于以成功为导向的贴近模式中的时候，它能以一种看似完全不可能的方式为你提供一个重新构建自我的机会。

格里就曾在他的那段哀伤时期内完成了重新构建自我的工作，乔却没有。他只是用抽大麻来麻痹自己，逃避自我意识的觉醒，同时也就放弃了与之相伴相随的自我再评价。同时，他看上去永远都不可能从回避模式中退出并进入对恢复情绪至关重要的贴近模式中去——也许是因为慢性的大麻毒瘾耗尽了他的动力吧。

2008 年，《哈利·波特》的作者 J. K. 罗琳在哈佛大学的毕业典礼上曾做过一个关于失败的益处的演讲。作为一个贫困、失业的单身母亲，在经历过一段短暂的婚姻生活之后，她的人生走进了一段不堪回首的黑暗时光。她感觉自己仿佛置身于一条暗无天日的隧道当中，她茫然失措，完全不知道这条隧道的尽头到底在哪里，也不知道那里是否会有一线光亮。但正是这样的倒退、这样的失败，却产生了让她"背水一战"的效果。如果她在别的任何一件事上取得了成功，她恐怕都不可能会下定决心成为一名作家，她这样说道。放弃掉自己之前的一些目标，她潜心待在了暗处，而正是在那个最为阴暗的角落里，一个始终如一的、闪闪发光的新的人生目标诞生了。

哈利·波特的塑造者看上去确实是做到了 reculer pour mieux sauter，也就是以退为进。她并非自愿，而是受到环境影响——职业、婚姻以及传统意义上的成功——才从旧的自我中撤退了回来。当她谈到自己所做的事情的时候，最打动我的一点就在于贴近与回避、奖励与惩罚、努力奋斗与迂回撤退，还有满意与焦虑之间这种奇妙的混合，现在我才敢相信，这些东西正是我们所有人在经历逆境时最为核心的心态所在。

我发现心理的平衡区间具备着既苦又甜的特征，一如我们的人生。在我看来，如果没有经历过某种程度上的撤退、克制和回避，以及它们所带来的痛苦的自我意识与自我再评价，一个人便永远无法达到尼采所说的逆境中的强大。但如果不具备下面所说的一点，你也无法变得强大，那就是主旨与上述内容相差无几的、由贝克特提出来的"坚持"，它是一种对生活和人生目标的贴近，一种建立在对未来的抽象的愿望和信心基础之上的贴近。

乔最终决定重新出发，"坚持"好好地生活下去，但也只有在戒掉吸食大麻的习惯和直面生活及其所带来的挫折之后才算完成。在经历过一些错误的起点之后，他回归了大学校园，开始学习摄影并准备靠这门技术谋生。在他在新的生活中找寻到心理平衡区的核心之前，他必定要进行大量的自我再评价和大量的"回避—贴近"的周期性心理循环。而这，也是我们每个人在各自的生活中时刻需要完成的工作，因为万事万物都是处于变化当中的，我们也不可能会永远停留在原地。

对我那位饱受折磨、一心只想着逃避现实的朋友肯来说，只有真正读懂那句话：没有杀死我的东西能让我变得更强大，才能找到自己内心的平衡所在。

后 记

　　在我按下电脑的启动键之后，机器开始发出呼呼的运行声。然后在一条简短的提示信息出来之后，我的心也随之一沉：自动修复程序准备中。突然间我的脑海中冒出一种截止日期已经到了的焦虑感，我交叉着手指，静静地等待着。电脑屏幕突然自动关闭了。哦，不要啊！然后另一条提示信息出来了：请对你的电脑进行诊断。真是郁闷，也许这台机器能进行自我修复吧。电脑屏幕又变黑了，接着是跟那条内容一样的提示信息，然后屏幕又变黑了，然后又是那样一条信息，然后屏幕又变黑……如此循环往复直到我不得不跑去另外一间办公室借来别人的电脑才得以完成自己的报告。

　　后来我才发现是我的电脑软件进入了一种"无限循环"的程序。工程师告诉我说，造成这种情况的原因就是软件"坚信"程序中即将出现一个特定的运行过程。那个运行过程会触发软件结束当前的循环并继续走向下一步的运行。就在我依次输入我那篇逾期的报告文字的过程中，这一运行过程便会发生。可是该我负责的那部分事情一直没有发生，于是程序便会按照预定设置，重启这一循环以便在下一次的运行过程中找到那一个关键运行过程，如此周而复始。那位工程师帮我重新安装了操作系统，于是我的电脑又可以正常工作了——至少现在还可以将就着用。

很奇怪的是，最近的这次经历让我从一种自鸣得意的心态中走了出来，而那种心态则来源于我帮助人们解答了"尼采的压力会成就一些人，同时也会摧毁一些人"的疑问。它能帮助我走出来的原因就在于，在我目前为止的解读中，我惊讶地发现了一种极其巨大的、人与人之间的差距。

这个差距便是信念。

尼采一直有个很大手笔的想法——他觉得人们通过反复练习"意念的力量"就可以掌控自己的命运。但在他所提出的这一哲学学说的背后，他也为这项基本的假设投下了一片巨大的阴影，那就是首先你得相信自己拥有这种力量，你才能着手进行练习。

当这个想法降临到我的脑海中的时候，一项与我曾经的病人们有关的事实就像一块石头那样击中了我。在这些人当中，几乎所有人都认为自己的情绪困境是由外部事物强加给他们的，它们就像一个物体或某种力量那样，突然就"来到"了他们面前并让他们被迫接招。

我推测，对他们来说，它们可能就像一场冰冷的暴雪或是一场突如其来的风暴。作为应对反应，为了说明他们当中很多人是怎样经历着各自的焦虑、心情低落以及沮丧，我觉得可能"发烧"这个词算一个最为恰当的比喻——尤其是对那些在情绪问题中已经被医生开出了处方药或给予了其他物理治疗方法的人。

我的朋友肯，就是我曾坐过他的车并差点在苏格兰丢了性命的那个人，就是一个最有发言权的例子，在他失控的时候，他情绪的高低起伏就跟发烧出汗的症状相差无几。他所患的严重的双相情感障碍症看上去似乎就是由某种生化物质不平衡造成的，尽管在药物的帮助下，他似乎对其中一种障碍也有了一些控制潜力。他早期就已经显示出了一些情绪"升高"或"低落"的迹象，如果诊断得足够早的话，在他的家人和医生的帮助下，他的病也许可以被扼杀在萌芽状态。但要将情绪一直保持在平衡区的话，这对他来说将是一个长期的斗争过程，而且他大脑中一些不可知的生化力量也让这一切变得非常非常困难。

但我其他的一些病人，或者说大部分的、没有患上与肯类似精神病症的病人似乎在情绪问题上也有失控的"发烧"症状。比如西蒙，他患有严重的公开演讲恐惧症，他就坚信自己的病是由外因造成的。直到现在，在事后我才终于突然明白过来，正是这种错误的信念才是他康复之路上最大的一块绊脚石。

说它是个障碍的原因有两个。首先，如果你感觉自己的情绪问题是以某种外来的方式侵入你的，那么你就会对这些问题心生畏惧。西蒙告诉我，当他感觉那种恐惧感正在"袭来"的时候，他会产生胃痛，还会有害怕的感觉。当然，这种焦虑程度的升高自然会让这种恐惧变得更有震慑力，然后它还会以螺旋上升的方式让你内心的焦虑攀上最高点。在这种情绪的烈火中，对恐惧感的恐惧便是最为重要的燃料。心情低落的时候，很多类似的情绪都会涌上心头。感觉低落的心情正在向自己"袭来"的人，也许还会感觉到无望和恐惧，而这些又会让你的情绪变得更差。在这种恶性循环的情况下，情绪的消沉便成了抑郁发作的燃料。

说"物化"情绪问题的信念是康复的绊脚石的第二个理由则非常简单：如果它像感冒一样让你无法控制，那么你就会感觉自己只需要坐在那儿让汗液冒出来就好，你根本就不需要为此专门做些什么。所以你也根本就不会想要拿出什么措施来让自己保持住情绪的平衡。

可是为了将尼采的格言应用到生活中来，你"必须"相信你可以在某种程度上控制住自己的情绪。如果你无法认同这种哪怕是潜在的控制感，那你就绝对没办法拿出更多行动来证实杀不死你的东西会让你变得更加强大。

以露西为例，在本书的开头部分我就介绍过她是一名在考砸了一场考试之后便表现得令人特别失望的学生。和西蒙一样，我花了超出平常很多的心血才将她拉回到情绪稳定的状态，因为她感觉自己的焦虑会像发烧一样随时到来。我突然就明白了，对这种外在的情绪"物质"所缺乏的一种控制感才是导致这种"物质"形成的一个主要原因。

在她之后，另一个叫皮特的学生也对发生在自己身上的事感到压力很大，但他就拿出了一些具体的应对措施。为什么会这样呢？因为他不觉得自己的情绪问题是固定不动的，他觉得这是由发生在他身上的压力事件所带来的一个动态的过程。

然而露西却感觉自己完全被焦虑打倒了，而且她认为自己的焦虑是一种固定的、由她身外的某种力量所控制的东西。所以她就没有像皮特那样拿出行动来理清自己的问题。像西蒙一样，她被内心的恐惧吓倒了，这种对自己有控制"事态"能力的信念的缺乏，最终便成为催促她在几个月后变成一个面色苍白、离群索居的人的主要原因。

人们心中的信念有助于解决其情绪问题的观点其实已经在我的脑海酝酿了三十年。但直到本书的结尾部分我才将它与斯坦福大学一位杰出的心理学家卡罗尔·德威克的系列研究一道写出来。

我的电脑陷入了一种无限循环的怪圈，因为它"坚信"有一个特定程序马上就要启动。可是那个程序一直没有出现，尽管这台电脑一次又一次地尝试着解脱，可是那个信念仍然将它锁定在了一种无休无止且徒劳无功的循环当中。

卡罗尔·德威克发现，在人的生命初期，孩童时代的人就已经发展出了一套有关自己和自己是谁，特别是有关自己智商的信念或理论。人们对此主要会产生固定（德威克用了术语"实际存在"来形容它）和可塑（即"增量"）这两种截然不同的理论。如果你对自己的智商存在着"它是固定不变的"的信念，那也就是说，你认为它是一种与生俱来的东西，通常来说不会有太大变化。但如果你觉得自己的智商是可塑的，那就说明你相信它可以被你所做的以及经历过的事情改变。

如果你倾向于同意"人们都有着或多或少的定量的智商值，一般来说这个数值的变化不大"和"无论你学会了多少东西，你都无法真正改变自己的智商"这样的说法，那么你就是属于智商固定不变的理论派。而且你可能还会不太认同"人们可以努力去提高自己的智商"和"无论你最初的智商是怎样的，你都可以努力去将它进行提升"这样的观点。如果你属于智商可塑的理论派，那么你可能就不会同意前面那两种说法，反而去认同后面那两种。

认同智商固定不变理论的孩子和成年人，尤其是曾被父母及老师告知自己很"聪明"的那群人，一旦在小学、大学或工作中考验其智力水平的场合中表现失误了，他们的反应就会非常糟糕。这是因为在他们这样的人心中，他们觉得自己在遭遇失败时只能去被动接受而没办法拿出措施去补救，比如，更加努力地学习或者报考其他课程等等。在他们的观念中，自己天生就是"聪明"的，除了要证明自己的聪明程度，他们什么事都不需要做。如果他们考试考砸了或者工作时有个什么漏洞，那么，他们绝不会想要去更加努力地工作以弥补损失或是查缺补漏学习更多知识，他们只会放任这种失败演变成一个对自我的巨大心理威胁。他们只会觉得："哦！天啊！可能我根本就不是个聪明人呢！"

思想的停摆意味着他们无法从自己的失败中获得经验教训：比如不管最初两组人的数学成绩如何，同样给出一年的学习时间，坚信智商固定理论的少年的数学能力就远不如坚信可塑理论的少年的进步大。

但从德威克的研究中我还得出了一个惊人的结论，那就是经过总结一些与我长期保持联系的病人心中的信念，我发现人们对自己的个性也存在着固定和可塑这两种不同理念。

以新进入校园环境的新生们为例。想要找到可以融入的小团体的话，有时就不可避免地会走一些弯路，遭遇一些排斥和拒绝。然而，事实却证明，正如持智商固定理论的孩子对失败的反应会非常糟糕一样，持个性固定理论的孩子对这种排斥与拒绝的反应也都非常糟糕。

持个性固定理论的孩子通常都更喜欢退回来自我反省并且不会再尝试第二次，因为他们都倾向于把自己被拒绝的原因归结到自己的身上来：也就是说，他们觉得是"我并不擅长与其他孩子打交道"（一种固定的理论）而不是"他们还真是个团结的小团体呢，我应该找别人再试试"（一种有可塑性的理论）。他们也许就不会再尽力去结交一些新的朋友，因为他们认为是自己的个性存在着一些这样那样的问题。最终结果就是他们会变成不合群的那个人，因为他们会"避免"做出一些让自己可以被他人接受的事——这一切都是由他们所秉持的个性固定论观点一手造成的，他们已经被这种由绝望带出的宿命论观点变成了一位心理残疾者。

这样的情况同样适用于存在饮食与体重问题的人。相比坚信除了基因作用外，自己的所作所为也会对体重产生影响的那群人，持固定论观点的人总认为他们的肥胖都是由基因排序造成的，所以他们才会倾向于吃下更多不健康的食物，也不爱做运动，最终结果便是他们的身体健康状况会显得更为糟糕。在我几乎所有的病人当中，我发现对他们来说，他们所需要面对的最大挑战便是面对情绪问题时的一种无助感。只有到了现在，对到底是什么引发了他们的焦虑、愤怒或意志消沉，在我理解了他们心中对此问题所持有的偏执信念之后，我才明白这几乎就是他们会产生对宿命的失控感的主要原因。事实上，我开始想知道这种信念是否就是他们当中一些人会患病的症结所在。

皮特，就是我曾在序言中提到过的那个学生，他因为母亲的去世和接踵而来的困难而倍感压力，但是他并没有主动向谁求助过——是他的助教把他介绍给了我，因为他非常关心他。但是皮特并不太需要我的帮助，这件事情上尤其打动我的一点便是他对自己的情绪和性格并非持有固定论的观点：恰恰相反，他觉得自己的焦虑和压力都是对一种困难环境的正常反应，他利用这种反应让自己变得更加精力充沛，而最后的结果便是他和他的家庭都因此而变得更为积极向上。

与他相反的便是露西的例子，我现在回头看才知道她就是那个对自己的情绪和性格有着固定论观点的人。她对一次学习上的小小失败表现出相当糟糕的反应的原因主要有两个：一个是她对自己的智商同样秉持固定论的观点，于是这次失败就对她自认为的聪明学生的形象给予了沉重的一击；另一个原因是一旦焦虑——这种在她之前无忧无虑的生活中从来不曾经历过的体验出现了，她就会用同样的固定论观点来看待它。所以她才会将这种情绪困扰看成是自身的一种缺点，而不是对发生了变化的环境的一种可塑性的反应。

卡罗尔·德威克曾经在一项针对情绪低落的大学生的研究中明确展示过这种"皮特—露西"间的差别。通过填写调查问卷，如果有学生因此显现出在性格上持固定论观点的特征，那么当他们处于情绪低落期的时候，他们可能就拿不出什么主动性和具体方法来调整自己的情绪，这与露西所呈现出的反应完全一样。但如果一个对性格持可塑性观点的学生陷入了低迷情绪的话，这反而会让他们得到鼓舞并进一步激发出他们调整情绪的能力和效果。这又与发生在皮特身上的反应有着惊人的相似之处。

我发现其实还有更多证据可以证明这点：相比持有可塑性、动态观点的人，倾向于把不幸的遭遇归因到"自己身上"的那类年轻人——换句话说，持固定论观点的人——面对压力的话，通常在一段为期五年的时间内会变得更为消沉郁闷。

即使很久都没有见过她，但我仍然可以非常确定地说，露西就具备变得比当年更加抑郁消沉的高风险。尽管在七十年代她不太可能有机会用上抗抑郁的处方药，但进入 20 世纪初期，她肯定已经开始用药了。要知道，在 2013 年，已经有五千三百万份处方被开给了五千三百万名英国公民。

于是我脑海中所有的回忆都一一浮现了出来——在新西兰，礼拜一的早晨推着轮椅将患者送去进行"治疗"，在莫兹里医院与我的精神科同事们进行辩论，还有我在爱丁堡做的武断的"大脑并非一块肌肉"的演讲。突然间我就意识到了，对大脑"硬件—软件"所进行的辩论绝非仅仅出于学术兴趣：我们必须将两者放在一起进行思考并找到两者的平衡点，这意味着你必须接受大脑思想这一软件可以重塑我们的大脑硬件，并且反之亦然。

但在有关硬件与软件之间联系的关键问题上，我想要理解的东西则是：你相信的是哪种观点？如果露西的医生给她开出了抗抑郁的处方药，那么医生的做法对她所秉持的一贯看法会起到怎样的作用呢？她能接收到的信息只能证明她的大脑硬件出了一点问题，而这只会让她在面对情绪问题时进一步确信自己的固定论观点。

可是露西的大脑硬件完全没有问题。所以说我要完成的——帮助她的大脑软件进行重新编程的任务，也会因为她服用了抗抑郁药而更加坚信自己的硬件受损并且更加确信情绪的固定理论而变得更加难以实现了？

对抗抑郁和抗焦虑的处方药的流行，我感到非常忧虑。在人们的脑海中树立起了固定论的观点而不是可塑性的观点，进一步降低了人们处理情绪问题的能力，难道不能算是它们的一项副作用吗？如果这是个正确的选择，那就意味着将压力转化为让我们变得更强大的动力的能力，也会随着运用药物来治疗情绪问题的潮流而被不断削弱，还会让人们无法再从情绪问题中有所收获，并且在面对这类问题时，内心产生出更多的无助感。相比二十世纪七十年代的状况，我很害怕在未来的日子里社会上的露西们会越来越多，皮特们却越来越少。

当然我们也需要优质的抗抑郁药和其他一些用来治疗大脑硬件伤害的药物——如果没有我那些精神病学研究所的同事们所研发出的优质药物，我的朋友肯绝对没有办法活到现在。而且我也看到了一些重度抑郁症患者在服用过治疗硬件损伤的药物和进行 ECT 疗法之后所表现出的令人欣喜的反应。

在这些年里，我并没有站到反对精神病学的阵营中去，但我个人真的非常担心对全世界上亿人开出的药物处方的流行趋势，他们当中很多人的问题其实并没有露西或者皮特的严重。但我真正关心的问题还是我所意识到的，这种流行趋势的最大副作用会进一步促进人们对情绪问题持固定论观点，而反过来，这就会削弱人们运用尼采的格言从压力中获益（正如皮特所做的那样）的能力。通过不断削弱自己也可以掌握情绪问题的坚定信念，固定论的观点会让人们变得更加抑郁。

格洛丽亚，一位受深度焦虑症影响而无法正常生活的病人，她同时在服用抗焦虑和抗抑郁的处方药物，而这些处方药带给她的，却是长达一生的焦虑症，我很怀疑正是这些药物让她相信在自身情绪问题上她只能束手就擒。

但是，尽管如此，她也确实对自己的问题抱着一种固定论的观点，这让她在面对自身问题时，很消极地不愿意拿出具体、实际的行动去应对。如果她现在过来找我的话，在努力让她把无法控制自己的悲观信念扭转过来之前，我觉得我会先帮助她从慢性回避模式转移到一种更靠近贴近模式的心态中去。

乔则是另一个因为其固有的信念而让自己深受其害的牺牲品。因为他所持有的固定论观点，他坚信自己是个不用付出努力就能有诸多收获的、无比聪明的、天赐神勇的人，而且为了在一直以来的人生中证明这一点，他早已深陷在这个死循环中不能自拔。在他的例子中，"不用付出任何努力"是最关键的一点——乔的父母亲一直都在盛赞他的"聪颖"，所以就在他的脑海中根植下了这样一种根深蒂固的固定论理念。当他前所未有地在一场考试中考砸了的时候，在他的脑海中，这简直就是灭顶之灾，这就是能说明他并非那么聪明的一个可怕的标志。这件事对他的自我来说是个严重的威胁，而他也花了几年的时间来逃离这种心理阴影。

类似的一些事情也适用于形容乔的人格品性——他从来都不知道被拒绝是何物，也不知道怎样才能被他人接受。他觉得自己那闪闪发光的内在品性是一种"物体"，一种固定的、被祝福的实物。对大多数人来说，只有经过很多的考验与犯错、经过很多对自我的沉痛思索，并且最重要的是，你得拿出十足的"坚持下去"的毅力，你才能知道自己到底是个怎样的人。可惜这些事在他脑子里却完全没有一丁点概念。

在他的父母离婚后，没多久他的女朋友也向他提出分手并离开了他，乔对自己性格的那种固定论观点，就像是与生俱来的那样，他坚决不相信自己可以做些什么来改变当下的处境。恰恰相反，他开始与他的自我所带来的巨大威胁进行一番缠斗——"也许我并不是那个人见人爱的聪慧男生"，然后他就妄图将理想中的那个自己与现实生活中的自己合二为一，而这显然是个不可能完成的任务。乔只能沉溺于大麻，用它来麻痹自己，用它来缩小理想与现实间的巨大鸿沟。在我见到他时，他身上所表现出的那种奇怪的傲慢和被动让我感觉很茫然，现在我才发现原来这也是理所当然的——他在努力填塞理想与自己的现实生活之间的巨大鸿沟，并且已经完全陷入了这个死循环当中。

　　如果我能早点发现我的父母对他们自身情绪问题的看法，以及他们是否能控制住自己的话，那我也就找到了可以帮助他们去应对压力的关键。如果他们的个性是一种遗传而来的固定的"东西"，然后他们才会产生情绪障碍，那么在学会了控制自身情绪的时候，他们又怎样才能鼓起勇气面对由焦虑所引起的挫折并坚持不懈地跟它做斗争呢？毕竟，根据他们的固定论观点，他们不是没办法控制自己的吗？

　　每当我对病人们提出建议说要把某些目标作为认知行为疗法的一部分时，我都时不时地会感觉到他们的某种"抵触"，但我从来没有正儿八经地对这个现象进行过思考。毫无疑问，这当中一定有一些无意识的思维过程在发生作用，有时候也应该会有运用其他治疗方法的精神科医生比我更敏锐地察觉到这点。但现在我已经能够确认，事实上，这种"抵触"心理的很大一部分是源于病人们对自己情绪问题的固定论观点，他们觉得自己"命中注定"是无法控制自己的思想的，他们都缺乏一种"我能"的信念。

　　如果杀不死你的东西可以让你变得更强大，那么你就必须坚信你对自己的思想和情绪是可以掌控的。如果你的信念还不够坚定的话，你就无法让我在这本书中提到的其他一些"治愈"因素真正发挥效用。有了这种信念，那么每个人都能拥有这样一种能力：无论何时，都可以用自己已知的方式来激活我们大脑的软件和硬件之间的相互作用，让自己在与他人的相处中感觉精神极端时，如在疲累和压力、恐惧与警觉、贴近与回避、自我遗忘与自我意识之间可以始终保持一种接近平衡的内心状态。

　　首先，我们必须相信，很多的压力症状同时也是兴奋和愤怒的症状。情绪低落与极度的疲劳和低唤醒的状态也有着一样的症状。通过在大脑中将这些情绪进行命名，我们就能获得对这些情绪的一些控制能力。但我们也要坚信它们的可塑性，不要被这些情绪以及我们的性格都是"固定的"这一错误信念误导。我希望这本书可以帮助读者们看清并了解自己独有的信念，并因此变得更加自信，知道自己具备塑造自身心智的能力，同时还能通过更好地理解决定动机与情绪状态的因素，从而达到这两者间的平衡。

在面临每一个人生挑战的时候，只有当我们坚信自己在一定程度上可以控制有着巨大可塑性又异常复杂的大脑，以及支撑着它的运行的心理"软件"，我们才能真正寻找到自己所需的心理平衡感。